U0054137

知識經濟
Knowledge Economy

馬豔、楊小勇、龔曉鶯／著

孟樊／策劃

出版緣起

　　社會如同個人，個人的知識涵養如何，正可以表現出他有多少的「文化水平」（大陸的用語）；同理，一個社會到底擁有多少「文化水平」，亦可以從它的組成分子的知識能力上窺知。眾所皆知，經濟蓬勃發展，物質生活改善，並不必然意味著這樣的社會在「文化水平」上也跟著成比例地水漲船高，以台灣社會目前在這方面的表現上來看，就是這種說法的最佳實例，正因為如此，才令有識之士憂心。

　　這便是我們──特別是站在一個出版者的立場──所要擔憂的問題：「經濟的富裕是否也使台灣人民的知識能力隨之提升了？」答案恐怕是不太樂觀的。正因為如此，像《文化手邊冊》這樣的叢書才值得出版，也應該受到重視。蓋一個社會的「文化水平」既

然可以從其成員的知識能力（廣而言之，還包括文藝
涵養）上測知，而決定社會成員的知識能力及文藝涵
養兩項至為重要的因素，厥為成員亦即民眾的閱讀習
慣以及出版（書報雜誌）的質與量，這兩項因素雖互
為影響，但顯然後者實居主動的角色，換言之，一個
社會的出版事業發達與否，以及它在出版質量上的成
績如何，間接影響到它的「文化水平」的表現。

　　那麼我們要繼續追問的是：我們的出版業究竟繳
出了什麼樣的成績單？以圖書出版來講，我們到底出
版了哪些書？這個問題的答案恐怕如前一樣也不怎麼
樂觀。近年來的圖書出版業，受到市場的影響，逐利
風氣甚盛，出版量雖然年年爬升，但出版的品質卻令
人操心；有鑑於此，一些出版同業為了改善出版圖書
的品質，進而提升國人的知識能力，近幾年內前後也
陸陸續續推出不少性屬「硬調」的理論叢書。

　　這些理論叢書的出現，配合國內日益改革與開放
的步調，的確令人一新耳目，亦有助於讀書風氣的改
善。然而，細察這些「硬調」書籍的出版與流傳，其
中存在著不少問題。首先，這些書絕大多數都屬「舶
來品」，不是從歐美「進口」，便是自日本飄洋過海而
來，換言之，這些書多半是西書的譯著。其次，這些

書亦多屬「大部頭」著作，雖是經典名著，長篇累牘，則難以卒睹。由於不是國人的著作的關係，便會產生下列三種狀況：其一，譯筆式的行文，讀來頗有不暢之感，增加瞭解上的難度；其二，書中闡述的內容，來自於不同的歷史與文化背景，如果國人對西方（日本）的背景知識不夠的話，也會使閱讀的困難度增加不少；其三，書的選題不盡然切合本地讀者的需要，自然也難以引起適度的關注。至於長篇累牘的「大部頭」著作，則嚇走了原本有心一讀的讀者，更不適合作為提升國人知識能力的敲門磚。

　　基於此故，始有《文化手邊冊》叢書出版之議，希望藉此叢書的出版，能提升國人的知識能力，並改善淺薄的讀書風氣，而其初衷即針對上述諸項缺失而發，一來這些書文字精簡扼要，每本約在六至七萬字之間，不對一般讀者形成龐大的閱讀壓力，期能以言簡意賅的寫作方式，提綱挈領地將一門知識、一種概念或某一現象（運動）介紹給國人，打開知識進階的大門；二來叢書的選題乃依據國人的需要而設計，切合本地讀者的胃口，也兼顧到中西不同背景的差異；三來這些書原則上均由本國學者專家親自執筆，可避免譯筆的詰屈聱牙，文字通曉流暢，可讀性高。更因

為它以手冊型的小開本方式推出，便於攜帶，可當案
頭書讀，可當床頭書看，亦可隨手攜帶瀏覽。從另一
方面看，《文化手邊冊》可以視為某類型的專業辭典或
百科全書式的分冊導讀。

　　我們不諱言這套集結國人心血結晶的叢書本身
所具備的使命感，企盼不管是有心還是無心的讀者，
都能來「一親她的芳澤」，進而藉此提升台灣社會的
「文化水平」，在經濟長足發展之餘，在生活條件改善
之餘，國民所得逐日上升之餘，能因國人「文化水平」
的提升，而洗雪洋人對我們「富裕的貧窮」及「貪婪
之島」之譏。無論如何，《文化手邊冊》是屬於你和我
的。

孟　樊

一九九三年二月於台北

程　序

　　「知識經濟」作為一種嶄新的經濟形態，正在深刻地影響和改變著人們的生活。「知識經濟」作為一個理論概念已趨於成熟，而且正在被越來越多的人所接受。對「知識經濟」的理論研究也已取得豐碩的成果，許多國外學者創立了不少與知識經濟有關的新理論，如數位經濟理論、新經濟理論、新增長理論、新經濟周期理論等；中國學者出版了不少有關知識經濟的著作，這些著作大都是以國際經合組織《以知識為基礎的經濟》的報告中對知識經濟的界定為基礎，從知識和資訊的角度進行了一定的概括和闡釋。

　　由馬豔、楊小勇、龔曉駑合著的《知識經濟》一書，則從一個更新的角度攝錄了知識經濟這一新的經濟形態，突顯了作者對知識經濟獨到的理解，具有很

強的可讀性。

第一，本書闡明了知識經濟最關鍵的六個角度，即資訊化、風險性、知識資本、知識創新、知識產權和可持續發展，指出資訊化是知識經濟的主要手段，風險性是知識經濟的重要特性，知識資本是知識經濟的主要投入要素，知識創新是知識經濟的動力機制，知識產權是知識經濟的法律保證，可持續發展是知識經濟的發展特性，形成對知識經濟的立體攝錄，讓讀者對知識經濟有豁然開朗之感。

第二，本書具有高度的概括性。作者用通俗的語言，最少的篇幅，對知識經濟進行立體描述，可使讀者用最小的時間投入獲取最大的訊息量。

第三，本書提出和論證了一些值得重視的有創意的觀點，主要表現在以下幾點：

一是揭示了「知識經濟」與「新經濟」的關係，認為知識經濟是一種經濟形態，而新經濟不是一種經濟形態，只是一種經濟增長模式的對比，「知識經濟」與「新經濟」存在一定的因果聯繫，即「知識經濟」是「新經濟」的原因，「新經濟」是「知識經濟」的結果。

二是認為知識經濟以它的高速變異、多向流動和

高度開放的特徵，使其成為迄今為止風險性最強的經濟，各種經濟主體在知識經濟中可能獲取最大的風險收益，也可能蒙受極大的利益損失。

三是描述了知識經濟風險性的表現，認為知識創新是一種風險創新活動，知識經濟的支柱產業——知識產業是風險產業，知識經濟的知識資本是一種風險資本，知識經濟中的知識人才是風險性人才。

四是引入了「風險利益」的概念，認為風險利益是知識經濟的基本動力和最終目的，在知識經濟條件下，風險利益將誘惑或激勵著人們不遺餘力地銳意進取、開拓創新，又以極大的利益損失約束著人們不敢有絲毫的懈怠和疏忽。

五是分析了知識資本運作的原則和方式，認為在進行知識資本運作時要遵循經濟效益原則、綜合平衡原則、知識產品的市場需求原則以及風險性原則。對知識資本的運作，要考慮對知識資本的運作環境，制定知識資本運作的戰略規劃、戰略措施與控制步驟。對知識資本的管理要著重做好人力資本管理、知識產權資本管理、組織管理資本管理和市場資本管理。

六是揭示了知識經濟與知識創新的內在聯繫，認為知識經濟是知識創新的結晶，知識經濟的迅猛發展

要求不斷進行知識創新，而知識經濟本身又最有利於知識創新。

七是論述了知識產權在知識經濟中的作用，認為知識產權有利於激勵知識和技術創新，促進科技成果及時而廣泛地應用，有利於促進科研專業隊伍的形成，有利於縮短科技進步的周期。

八是認為知識經濟開闢了通向可持續發展的道路，指出知識經濟將引起經濟增長方式在高層次上實現轉變，人們科學文化水平的提高能有效控制人口增長，知識經濟條件下的高新科學技術能極大提高資源利用效率，並使人類保護生態環境的能力大大提高。

總之，本書既對知識經濟進行了概括性介紹，又體現了作者的創造性思考。相信讀者能獲得一定收穫和啟示。

程恩富

程恩富係中華外國經濟學說研究會、中國《資本論》研究會副會長，上海財經大學經濟學院院長、海派經濟學研究中心主任、博士生導師。

目　錄

導　論

　　當今，全球經濟正處在由傳統經濟向知識經濟轉變的根本性變革階段，以知識的生產、消費、使用和創新為核心的知識經濟方式，已經開始滲透到社會經濟、政治和文化的各個方面，因此，瞭解知識經濟、掌握知識經濟的運動規律，更好地適應知識經濟，已經成為當代人的首要課題。

一、知識經濟的理論背景與由來

　　知識經濟的產生和發展的基礎是源於二十世紀四〇年代開始的資訊技術革命，特別是二十世紀八〇年代興起的高科技革命。高科技革命不但使人類的知

識總量迅速增加，而且使人類獲取知識、應用知識的能力大大提高。如果說在二十世紀九〇年代初，人們還只看到資訊技術革命將引起一輪新的經濟成長，那麼，現在的事實越來越表明，這場高科技革命更深刻的意義在於引起一場新的經濟革命，導致知識經濟的全面崛起，世界經濟呈現新的發展趨勢。

(一)知識經濟產生的理論背景

　　知識經濟的新的經濟動向對一些傳統經濟學理論的「有效性」提出了極大的挑戰，從而在經濟學界引起了廣泛的討論。許多經濟學家在對當前世界經濟現象進行解釋的同時，提出了不少新的觀點和新的理論。瞭解這些理論，對瞭解當前知識經濟的發展、變化及其本質特徵會有極大的幫助。

■數位經濟理論

　　隨著資訊高速公路為人們營造了一個無限廣闊的「網上空間」，它對人類社會的影響不斷擴大，隨之帶來了一門新的學科──「數位經濟學」（digital economics），就是研究以電腦為特徵的資訊技術對社會經濟新作用的學科。

　　《浮現中的數位經濟》是美國商務部關於資訊如
何決定新經濟的一份全面報告，是繼美國「全球電子
商務框架」和柯林頓的「網路新政」講演後，又一部
里程碑式的文獻。該報告不再著眼於「貨幣」這個傳
統時代核心資源對經濟的決定作用，轉而關注「資訊」
這一核心資源對經濟的決定作用，正文從宏觀的角度
來把握數位經濟，分析了資訊技術在「高成長、高就
業、低通膨」的經濟運作新模式中的作用，附錄從微
觀的角度對一些公司的網上商務進行了個案剖析。在
美國商務部網址一九九八年四月十六日的備忘錄中，
商務部部長威廉・達利作了一段意味深長的說明：「我
今天公布的這份報告，叫《浮現中的數位經濟》，它證
明資訊技術對我們經濟的重要性，對企業的重要性和
對消費者的重要性。它將幫助政府做出更多的政策，
幫助企業做出更好的商業決定，而美國國民也需要來
自網路的影響。」這多少點明了報告的主旨。

　　唐・塔普史科特所著的《數位經濟時代》認為，
資訊技術的革新掀起新時代的數位革命，將徹底改變
經濟成長的方式以及世界經濟的格局，帶領企業進入
數位經濟時代。指出了數位經濟時代的發展趨勢，為
企業在新時代的成功轉型提供不可缺少的思考方向。

　　這些發展趨勢是：數位經濟是以知識為基礎的時代，應用知識、添加創意是經濟活動的新核心，只是將取代土地、資本成為最重要的資產，改變了組織評估與資產管理的方式，也改變了國家的成長模式與國際競爭力；數位時代一切資訊數位化，轉變為數字的0與1，以光速流動，不但提升了資訊傳輸與儲存的數量、速度與品質，也增加了資訊相互組合的可能性；資訊數位使得一切都可以虛擬化，逐漸出現的虛擬辦公室、虛擬企業、虛擬百貨公司，將徹底改變經濟活動；網路的誕生將企業組織分子化，每一個腦力勞動者就是企業的最小單位，可以應工作需要作機動的組合，在分子化的組織中，主動學習的腦力勞動者透過網路合作，以知識和創意為企業產品添加價值；企業可以依循網路的發展模式建立網路化組織，透過網路尋找資源與結盟；現在消費者和生產者可以透過網路直接接觸，使得兩者間的中間商消失；產業間相互結合發展新產業是未來的趨勢，結合電腦、通訊和儲存資訊三者而生的新媒介就是一例；在知識經濟時代，創新對企業的重要性遠勝於原料與廠房，微軟公司教戰守則之一就是「淘汰自己的產品」，否則別人就會毫不留情地超越你；在生產者和消費者直接接觸後，他

們之間的界限趨於模糊，消費者可以透過網路將自己的意見加入到生產過程，而成為部分生產者，迎合消費者的個別要求與品味的少量定做將代替批量生產；在資訊以光速傳遞的新時代，意志堅決、行動迅速就是成功的新關鍵；隨著網路的無限延伸以及知識無國界的流動，數位經濟必將是全球化的經濟，而全球化也加速了新科技的延伸；在一切新發展的衝擊下，工作環境和工作內容都將改變。

　　新科技帶來的轉變為新時代開創了無限的可能和機會，也帶來了無限的未知和危險。塔普史科特指出，新科技可能使未來社會兩極分化現象更加嚴重，現在的法律、規範也將不足以應付新時代的需要，造成混亂局面。

■「新經濟」理論

　　二十世紀九〇年代以來，美國進入了新一輪成長期，經濟顯現出來的特點和走勢，都和過去的經濟擴張大相逕庭。首先，持續了五、六年的高速經濟成長，卻沒有伴隨出現通貨膨脹壓力，失業率也不斷下跌；其次，驅動這輪經濟成長的高科技產業，由許多企業在其產品領域處於「準」獨占地位，但卻沒有阻礙產

品的持續升級和減少消費者的福利。這些用傳統的經
濟理論都無法解釋。美國聯邦準備理事會主席葛林斯
潘正式提出「新經濟」理論，成為解釋這個「非理性
繁榮」的理論基礎。

　　新經濟理論認為，首先從這輪經濟成長動力來
看，在技術層次維持不變的情況下，傳統產業的生產
在一定程度之後將受邊際報酬遞減的限制，但投資於
高科技產業的邊際報酬率將不受此限，也就是高科技
產業一旦在技術或產品的研究開發上有突破性的創
新，就會帶動消費需求，使產品價格大幅降低，並進
一步刺激企業投入研究和開發，成長的力度不會出現
過熱，反而形成消費需求不斷湧現的正面循環。

　　其次，傳統的資本、勞動力和技術要素都不足以
支持高科技產業的蓬勃發展，企業家精神才是高科技
產業無限成長的原動力。儘管經濟學家熊彼特早就觀
察到企業家精神才是經濟成長的關鍵因素，但在主流
的經濟學派裏並沒有得到明顯的重視。新經濟理論也
重新強調其重要性，並開始以企業或組織網路作為研
究的個體，與傳統的以理性的個人為研究分析對象十
分不同。

　　第三，從勞動市場看，就業市場的飽和並未導致

工資的上揚，引發通貨膨脹壓力，其主要原因是一方面在於高科技產業工資上漲的壓力，被這些高科技產品的低價所抵消，另一方面，非高科技產業因無明顯的需求上漲，而不會驅動通貨膨脹。

　　第四，新經濟理論明顯強調群聚的效果，認為應將整個高科技產業看成一個生態圈，在這個生態圈內，企業的多元性與資訊的快速流動所形成的競爭架構，是企業自我成長的動力。雖然企業處於相對獨占的狀態，利潤也居高不下，卻依然不斷升級，以低價的產品造福於消費者，提高市場占有率。

　　新經濟理論認為，美國已進入新的經濟時代，經濟成長、失業率和通貨膨脹的連帶關係已被打破。

■新成長理論

　　隨著資訊技術的日新月異，越來越多的經濟學家開始思考技術進步和人力資本對經濟發展的重要性，其中的羅默模型、盧卡斯模型和史科特模型是其代表。

　　羅默模型中增加了知識和專業化的人力資本這些當今影響經濟成長的主要因素。羅默的新經濟成長理論認為，好的想法和技術發明是經濟發展的推動力量，知識的傳播以及它的變化和提煉是經濟成長的關

鍵，而好的想法和知識且能以很低的成本複製，因而
收益遞減的法則不再成立。羅默的理論與傳統的理論
不同，首先，除了考慮生產中的資本和勞動力兩個要
素外，將第三個要素──技術考慮進去，並將技術看
成是「內生」的，是經濟系統的一個核心部分，認為
任何特定的技術突破都是隨機出現的，但技術整體的
成長同投入的資源成正比，技術可以提高投資的收益
率，投資能使技術更有價值，而技術能夠使投資更有
價值，這是一個良性循環，因此能夠克服邊際收益遞
減規律，能夠長期恒定的提高經濟成長率。其次，羅
默認為壟斷力量也會有用，甚至起關鍵作用，它提高
了公司參加技術性研究的動力。

　　盧卡斯的「專業化人力資本成長模型」包括「二
時期模型」和「二商品模型」。「二時期模型」是將形
成人力資本的學習時間區分為在校學習時間和邊做邊
學時間，產生兩種效應。在校學習的正規教育可形成
「內在效應」，提高人力資本獲得勞動的邊際收益遞
增，而不脫離生產崗位的「邊做邊學」也可形成人力
資本，並透過與資本和其他生產要素的結合產生收益
遞增的「外在效應」。「二商品模型」清楚地解釋了國
際資本「倒流」的現象，是由於知識和人力資本可以

產生遞增的收益，具有高水準人力資本的發達國家就可得到較高的資本利潤率，吸引較多的國際資本。

　　史科特的「資本投資決定技術進步模型」是採用古典經濟學的總量概念和總量均衡的方法，建立的一個只有物質資本投入和「質量調整過的勞動力投入」的兩個變數的簡單模型。該模型強調資本投資決定技術進步，同時強調經濟成長的知識和技術對勞動力質量和勞動效率的影響，強調不發達國家發展國際貿易的意義，即國際貿易可以產生一種「趕超效應」，透過貿易來吸收國外的先進技術轉化為人力資本，從而少走彎路趕上發達國家。

■新通膨理論

　　自一九九二年以來，美國的年通貨膨脹率一直控制在 3%以內，同時失業率不斷下降。在這種新形勢下，美國經濟學家就如何看待通貨膨脹問題提出了一些新觀點，有人認為零通貨膨脹已經來臨，有人認為美國已進入通貨緊縮期。關於通貨膨脹與失業率和經濟成長的關係也有了一些新的看法：

　　一是失業率下降不會導致通貨膨脹上升。首先，隨著經濟全球化，美國國內的經濟越來越與世界經濟

聯繫在一起，市場和商品的供應和需求已不再局限於某一國的經濟範疇。多恩布施認為，世界市場的激烈競爭迫使各公司向顧客提供最優惠的價格，也限制了雇員工資的上升，存在相互制約的關係，從而導致了美國近年來的低通膨率。其次，在經濟全球化的影響下，生產國際化傾向越來越明顯。多恩布施指出，近年來美國公司大批工廠遷往低收入的發展中國家，降低了生產成本，提高了競爭力；同時由於高科技的應用，對勞動力的需求也日益減少。因此，工人和工會組織考慮更多的是保住就業機會，而不是提高工資，減輕了物價上漲的壓力。

　　二是適當的低通貨膨脹率有助於經濟的運行。美國布魯金斯學會的一份研究報告認為，適度的低通貨膨脹率對經濟可以起到潤滑作用，追求零通貨膨脹率會使經濟付出過大的代價。其論點是，零通貨膨脹率將使經濟難以正常運行，如果經濟成長速度緩慢時，一定的通貨膨脹率可以使正常的工資收入處於穩定，把實際收入壓低。如果硬性追求零通貨膨脹率，會導致勞動市場扭曲，產生長期的失業增加和經濟的低成長率，而非「過渡時期的暫時現象」。從理論上講，要實現零通貨膨脹率，一個最重要的因素是企業在任何

情況下都有能力控制產品成本，其中最主要的是控制
占成本三分之二的工資成本，而實際上不提高反而降
低雇員工資是不可能實現的，因此企業不得不解僱工
人以控制產品成本，導致失業率上升。

■新經濟周期理論

　　所謂經濟周期，就是指以實際國民生產總值衡量
的經濟活動的總水平的波動。一個經濟周期包括蕭
條、復甦、繁榮和衰退四個階段。

　　美國經濟周期的發展趨勢呈現兩個明顯的特
點。首先是經濟復甦延長，戰後美國第九次經濟衰退
後的復甦從一九九一年四月一直持續到現在，超過了
美國戰後前八次經濟復甦五十個月的平均期限，成長
時間之長在美國歷史上位列第三。其次是周期性特徵
淡化，這次經濟成長沒有強勁的復甦，也沒有明顯的
高漲。

　　美國芝加哥大學經濟學家札諾威茨認為，自十九
世紀以來，美國商業周期的特點是：復甦期趨於延長，
衰退期趨於縮短。出現這種趨勢的主要原因是：經濟
結構性的變化使就業和生產逐漸由製造業向服務業轉
移，美國服務業的產值已超過其國內生產總值的　72

％，同商業生產和需求相比，服務業受商業周期的影響較小；各級政府的開支占國民生產總值的比重增加，在一定的程度上起到「自動穩定器」的作用；聯邦存款保險制度的確立，避免了因銀行破產而引起的經濟衰退；資訊技術的發展和應用，使企業可以根據銷售的變化快速的調整生產、保持相應的庫存，而過去庫存過多往往是衰退的起因；經濟全球化和貿易自由化趨勢的發展，有助於借助外界力量減少經濟的波動。

　　史蒂文‧韋伯和邁克爾‧曼德爾也持相同的觀點，但經濟學家保羅‧克魯格曼則認為，不應對經濟周期已結束和通貨膨脹減輕的理論抱任何幻想，雖然引發過去經濟衰退的諸多因素今天已不存在，但將來還會出現另外一些經濟問題，經濟周期會再次發生。

■知識管理理論

　　隨著公司越來越重視無形資產而輕視有形資產，重視知識而輕視庫存，關於成功的整個定義都發生了變化。如今衡量成功的尺度是創新能力，即開創新市場的能力，公司若要成功就必須儲蓄自己的人才資源，這是實施知識管理的動力。

　　知識管理就是為企業實現顯性知識和隱性知識
共享尋找新的途徑，顯性知識容易透過電腦進行整理
和儲存，隱性知識則難以掌握，它儲存在雇員的大腦
裏，是雇員的個人經驗。知識管理型公司能夠迅速對
外部需求做出反應，精明地運用內部資源、預測外部
市場的發展和變化。雖然這需要從根本上改變公司的
經營方向和領導方式，但它具有巨大的潛在效益。

　　瞭解知識管理首先要把它同資訊管理區別開
來，要想在知識經濟中求得生存，就必須把資訊和資
訊、資訊和人的認識能力結合起來進行創新，導致知
識的產生，這就是知識管理的目標。實施有效的知識
管理所要求的，遠遠不只是擁有合適的軟體系統和充
分的人員培訓，它要求公司領導層把集體知識共享和
創新視為贏得競爭優勢的支柱，為了抓住機遇和充分
發揮公司人才的潛能，總是不斷地進行自身改造，擁
有在充滿競爭的市場中確定方向的靈活性。這些公司
積累了內部和外部兩種知識，外部知識反映的是公司
的競爭意識、規章制度和市場趨勢，以及預測市場的
能力；內部知識包括公司對其核心能力、專門技術、
優缺點以及過去教訓的瞭解。

　　知識的積累與運用是企業面臨的最大難題。麥克

尼爾指出，實現知識共享必須得到公司領導和全體員
工的認同。許多成功的知識型企業都建立了對積極參
與知識共享的雇員予以獎勵的激勵機制，還專門設置
了知識總監（CKO），弗拉保羅說，「知識總監的地位
居於行政總監（CEO）和資訊總監（CIO）之間，知
識總監在業務運作過程中發揮的作用，如同資訊總監
在技術開發中的作用。」

　　建立能適應知識經濟要求的知識型企業顯然會
遇到多種多樣的困難，在這種新的環境中，公司內部
和競爭對手間開展合作將成為常事，實現聯合將越來
越普遍。公司將重點放在核心能力上，並與其他專門
知識領域的外部供應商結成夥伴關係。弗拉保羅說：
「合作——競爭是一個根本變化，這個變化儘管姍姍
來遲，但它確實在發生」。

(二)知識經濟的由來

　　探討知識經濟的由來主要從兩個視角，一是它的
實際形成的過程，二是它的理論範疇的形成過程。

■知識經濟作為一種實際存在的經濟形態的產生過程

　　自二十世紀七〇年代以來，隨著世界範圍內科學

技術的日新月異，以資訊產業為先導的一系列高科技
不斷產業化，經濟社會日益呈現出一些新的特徵，與
傳統工業相比，產生了質的變化，最主要的是科學技
術知識在經濟成長中的貢獻率越來越大。這種情況到
九○年代表現得尤為突出。據經合組織提供的資料，
在過去的十年中，該組織成員的高科技產品在製造業
產品中的份額增加了一倍多，達到 20%至 25%。知識
密集型服務部門如教育、通訊、資訊的發展更為迅速。
經合組織主要成員國的國民生產總值（GDP）有一半
以上已經是以知識為基礎。專家估計，科技進步對經
濟成長的貢獻率，已從二十世紀初的 5%至 20%提高
到七○年代至九○年代的 70%至 80%；到全球資訊高
速公路建成後將提高到 90%。這些情況表明，在某些
發達國家，知識經濟已開始代替工業經濟。

　　知識經濟最突出的現象是資訊技術的廣泛應
用。二十五年前，全世界僅有五萬台電腦，到一九九
八年已增加到一億四千萬台，全世界網路的使用者約
七千萬人，到二○○一年大約為三億人。近年來，在
全球資訊高速公路建設的帶動下，在全球國民生產總
值中，已有三分之二以上產值與資訊行業有關（劉大
椿、劉蔚然，1998）。

　　美國微軟公司總裁比爾·蓋茲（Bill Gatez）的出
現，是當今知識經濟開始形成的標誌。比爾·蓋茲已
連續多年占居世界富豪排行的榜首，而且其資產增加
的速度非常快。比爾·蓋茲的成功與傳統工業經濟繁
榮時代鉅子們的成功和發家在方式上迥然不同。後者
靠的是資源和財富，比爾·蓋茲的成功靠的是軟碟中
包含的知識。

　　美國目前在由工業經濟向知識經濟轉變過程中
處於領先地位。其主要動力是資訊技術革命和產業全
球化浪潮。美國商務部一九九八年四月十五日發表報
告說，在過去五年裏，資訊技術產業為美國創造了一
千五百萬個新的就業機會，美國經濟成長的四分之一
以上歸於資訊技術。

■「知識經濟」作為一個理論概念的產生過程

　　早在一九一二年，著名美籍奧地利經濟學家熊彼
特在《經濟發展理論》一書中就明確提出，資本主義
發展的根本原因不是資本和勞動力，而是創新。而創
新的關鍵就是知識和資訊的生產、傳播和使用。一九
五七年美國經濟學家索羅認為，從一九〇九年到一九
四九年，美國非農業部門勞動生產率成長中，技術進

步占了 87.5%，勞動和資本的貢獻只占 12.5%。

　　一九六二年，美國經濟學家弗里茲‧馬克盧普在
《美國的知識生產和分配》一書中，詳細地分析和論
證了知識和資訊在經濟發展中的作用，並提出了知識
產業（包括教育、研究開發、傳播業、資訊設備和資
訊服務）的概念。他發現美國在一九四七年至一九五
八年期間，知識產業以平均每年 10.6% 的速度成長，
是國民生產總值成長速度的兩倍；一九五九年美國從
事知識產業的勞動力占全部勞動力的 31.6%。

　　一九七三年，哈佛大學社會學家丹尼爾‧貝爾在
《後工業社會的來臨》中指出，後工業社會是圍繞著
知識組織起來的，其目的在於進行社會管理和知識革
新與變革，這又反過來產生新的社會關係和社會結構。

　　一九八〇年，未來學家阿爾溫‧托夫勒在《第三
波》中明確提出，人類已經歷了農業化浪潮、工業化
浪潮，第三次浪潮（第三波）──資訊化浪潮也即將
到來。科學地預測了資訊革命將給人類帶來一場新的
巨變。一九九〇年在《大未來》中更鮮明的指出，隨
著西方進入資訊時代，社會的主宰力量將由金錢轉向
知識。一九九五年他又在《創造一個新的文明》裏指
出，「道路和高速公路」是「第三波的基礎設施的組成

部分；數位網路則是第三波基礎設施的心臟」。

　　一九八二年，未來學家約翰‧奈斯比特在《大趨勢》一書中闡明：「知識是我們經濟社會的驅動力」，「資訊社會是真實存在的，是創造、生產和分配資訊的經濟社會」。他概括了資訊社會的四個特徵：起決定作用的生產要素不是資本，而是資訊知識；價值的成長不再是透過勞動，而是透過知識；人們注意和關心的不再是過去和現在，而是將來；資訊社會是訴訟密集的社會。

　　一九八四年，美國的企業家保羅‧霍肯在他的《下一代經濟》中提出，「資訊經濟」的對立物是「物質經濟」，認為所謂的資訊經濟就是使用更多的資訊和知識，消耗較少的能量和材料，生產出質量更好、人們更喜愛的商品的經濟。

　　一九八五年，美國政府授權卡爾加（Calgar）大學成立「知識科學研究所」（KSI）。對整個知識體系加以全面考察，研究知識對社會和經濟等各方面的作用過程和轉化機制。雖未提出「知識經濟」的概念，但實際上已開始對知識經濟各個方面進行積極探索。

　　二十世紀九〇年代初，美國阿斯奔研究所（The Aspen Institute）等單位聯合組建資訊探索研究所（The

Institute for Information），在出版的《一九九三至一九
九四年鑑》中，以《知識經濟：二十一世紀資訊時代
的本質》為總標題，用六篇論文從六個不同的方面審
視了「明天資訊社會」的特徵和本質。在第一篇論文
〈技術在資訊時代的地位：把信號轉為行動〉中明確
提出，「資訊和知識正在取代資本和能源而成為創造財
富的主要資產，正與資本和能源在三百年前取代土地
和勞動力一樣。而且，本世紀技術的發展，使勞動由
體力變為智力。產生這種現象的原因，是由於世界經
濟已變成資訊密集型的經濟，資訊技術具有獨特的經
濟屬性。」

　　一九九四年，C‧溫斯洛和 W‧布拉馬在《未來
工作：在知識經濟中把知識投入生產》中，明確點明
「知識經濟」的概念，認為「管理智力」是獲取和利
用高價值資訊的關鍵。闡述了知識經濟形態下，企業
在市場取勝的基本條件和要求，並提出「知識工人」
的概念。

　　二十世紀九〇年代初，世界管理大師彼得‧杜拉
克（Peter Drucker）在《後資本主義社會》一書中提出，
我們正進入知識社會，認為知識社會是一個以知識為
核心的社會，「智力資本」已成為企業最重要的資源，

有教育的人成為社會的主流。一九九三年五月他又指
出:「知識的生產率將日益成為一個國家、一個行業、
一家公司競爭的決定因素。」在知識社會,知識已成
為社會的核心,知識資本(生產和傳播知識的經費)
的比例已大於資金資本,知識資本占國民生產總值的
20%,其中,生產科學技術,即研究與開發經費占 3
%至 5%,科學技術和其他知識的傳播經費占 15%至
17%(其中教育為 10%、技術培訓與其他形式的科技
傳播為 5%至 7%),而資金資本占國民生產總值的比
例小於 20%。

　　一九九六年,經濟合作暨發展組織(OECD)在
其發表的《一九九六年科學、技術和產業展望》的報
告中,全面、系統地闡述了知識經濟,並作了比較明
確的定義:知識經濟是指以知識(智力)資源的占有、
配置、生產和使用(消費)為最重要因素的經濟。

　　一九九六年十二月三十日,美國《商業周刊》發
表一組文章提出美國出現「新經濟」,指出新型經濟已
經形成。一九九七年二月,美國總統柯林頓在公開演
講中採用「知識經濟」的說法。世界銀行《一九九八
/一九九九年世界發展報告》也命名為《知識與發
展》。「知識經濟」已初步明晰。

二、知識經濟的內涵與特徵

　　人類對於知識經濟的探索由來已久，但是，關於知識、知識經濟內涵的界定、特徵的分析仍在探討之中。

(一)知識

　　要理解知識經濟，首先必須瞭解什麼是知識。如果人們對知識的內涵做出不同的界定，就會對知識經濟有相應的不同的理解。

■知識的內涵

　　人們對知識有許多不同的理解，最普遍的理解是：知識是經驗的總結。但是知識經濟中的「知識」與通常所講的知識不是等同的。在農業經濟中，知識是勞動生產經驗的總結；在工業經濟中，知識體現在科研、教育和獲取專利等多種形式之中；而知識經濟中的知識是一個廣義的概念，它不僅包括人們普遍認為的知識，還包括科學技術、能力、管理、資訊等。

■知識的存在形態

　　知識是人們對客觀世界及其運動規律的認識，是人們腦力勞動或智力勞動的產物，其初始載體是人的大腦。知識本身是無形的，但它可以透過與語言、文字、圖形等衍生載體的結合而顯性化，從而使知識具有了可傳播性。知識的傳播主要透過學習和教育來完成。

■知識的類型

　　知識可劃分為多種類型，經濟合作暨發展組織專家根據知識內容的性質把知識分為四種類型，一是關於知道是什麼的知識（know─what），它是一種關於事實確認和資訊披露的知識；二是關於知道為什麼的知識（know─why），它是一種關於尋根究底的知識，也可以說是對確認的事實和披露的資訊進行加工後的知識；三是關於知道如何做的知識（know─how），它是一種經驗或技術性的知識；四是知道屬於誰的知識（know─who），它是一種關於產權歸屬的知識。中國大陸一些專家還將知識的類型增加了兩種，一是關於知道什麼地點的知識（know─where），二是關於知道在什麼時間的知識（know─when）。

■知識的表現形式

　　知識有多種表現形式，包括經驗、科學、技術、資訊等。經驗是一種知道如何做的隱形知識。它主要靠實踐獲得，做中學（learning by doing）是增長經驗的重要途徑。

　　科學基本上是一種知道為什麼的顯形知識，它是人類對自然和社會運動規律的認識和總結，前者形成自然科學，後者形成社會科學，科學主要透過教育獲得。

　　技術基本上是一種知道如何做的隱形知識。它可透過技術創新和技術模仿兩種途徑獲得。前者需要透過增加利潤導向型的研究開發支出而實現，後者則可以透過做中學而實現。

　　資訊基本上是一種關於什麼時間、什麼地點、誰為誰做什麼的事實描述。

　　資訊與知識含義不同，但又有密切聯繫。從知識的角度看，資訊可以分為兩類，即載有知識的資訊和不載有知識的資訊。從資訊的角度看，知識可分為兩部分，即可編碼因而可資訊化的知識和不可編碼因而不可資訊化的知識。

■知識的特徵

‧知識具有共用性

　　有形物體的占有和使用具有排他性，一旦有人購得某物品的所有權，其他人就不能同時擁有和使用該物品；而知識不同，儘管人們可能具有知識產權，但其他人仍然可能購得知識產權並使用該知識。相同的知識可能被不同的國家、不同的地區、不同的個人使用。一部分人對某種知識的使用並不妨礙和排斥其他人對該知識的使用。知識很難僅為個人所壟斷，它是人類的共同財富，是一種「準公共產品」。

‧知識的使用具有非競爭性

　　即一個公司或一個人使用知識不會減少其他公司或其他人使用該知識的數量。

‧知識的使用具有不可消耗性

　　知識同一般物質不同，一般物質在使用過程中會發生有形損耗，其價值和使用價值會逐漸喪失。而知識在使用中不會被消耗，它在被人們使用了之後依然存在，別人同樣可以不斷使用。

‧知識具有可傳播性

　　隱形知識可能透過做中學而得以傳播，顯形知識

也可以透過資訊化而傳播到世界各地。

・知識具有時效性

　　特定的知識在不同時期具有不同效用。有些知識
會隨著時代的變化而變得過時，這就需要透過更新過
時的知識，創造新知識。隨著科學的發展，知識更新
的速度越來越快，更新的周期越來越短。這就要求人
們不斷學習新知識。

・知識具有無限性

　　知識在使用過程中可以與其他知識連接、滲透、
融合，使知識越來越充實、完善，不斷向更高層次發
展，並產生新的知識。人們對一般商品只需經過購買
一個環節就能實現對其擁有，而知識在被購買後，還
必須經過學習、訓練、吸收、消化，乃至創新等多重
環節，才能被人們真正擁有。而對大量「難啃」的高
層次知識產品來說，人們在購買之前必須經過教育環
節，才能成為該知識產品的消費者。文盲不可能成為
知識產品消費者。所以，在知識經濟條件下，不僅生
產者需要教育才能培養出來，而且消費者也必須透過
教育來培養。

(二)知識經濟的內涵

　　知識經濟是以知識為基礎的經濟，即以現代科學技術為核心，建立在知識和資訊的生產、儲存、使用和消費之上的經濟。

　　理解知識經濟的內涵需要把握如下幾點：

■知識經濟是一種經濟形態（而不是社會形態）

　　作為經濟形態，它是相對於農業經濟、工業經濟而言的。這種經濟形態是高科技和資訊革命的產物。在這種新經濟形態下，科學和技術相互融合，資訊和知識相互融合，知識和經濟一體化。

■知識經濟也是一種時代

　　即社會生產力發展的新時代，或經濟成長方式變革的新時代。作為一種時代，知識經濟的到來是客觀規律。如同人類社會必然要從原始社會到奴隸社會、到封建社會、到資本主義社會，再到社會主義、共產主義社會一樣，經濟形態根據各種生產要素在經濟發展或經濟成長中所起的不同作用，必然要從農業經濟時代發展到工業經濟時代，再發展到知識經濟時代。

■知識是資本

在知識經濟時代，不僅人力資本和物質資本中蘊含的知識已經居於主導地位，而且知識已經獨立成為一種資本，對經濟成長和可持續發展發揮著決定性作用，並因而成為分配的核心部分。

■知識和資訊不可分割

在知識經濟條件下，一方面，如果知識不資訊化，知識是不可能成為公共品的，因而也不會成為提高生產率和實現經濟成長的驅動器；另一方面，資訊知識化本身就是知識經濟的應有之意，沒有知識的資訊是不可想像的。

■知識是動力

在知識經濟時代，現代意義上的知識成為人們獲得「自由發展的條件」，提高生產率和實現經濟持續穩定成長的驅動器。所謂現代意義上的知識，是指與現代科學技術和資訊基礎結構相適應的。可以動態地更新和創新的知識。在知識經濟時代，知識更新的周期越來越短，這就要求勞動者不但要具備科學的思維、工作、生活的能力，還要不斷攝取自己需要的新知識

和利用有關知識的方法。因而，終身教育將是知識經濟時代中每一個人的必然選擇（李京文，1999）。

(三)知識經濟的特徵

知識經濟作為一種新的經濟形態，人們從不同的側面對於它進行分析和研究所透視出的特徵也不同。

經濟合作暨發展組織在《以知識為基礎的經濟》的報告中，對知識經濟的內涵進行了界定：知識經濟是建立在知識和資訊的生產、分配和使用之上的經濟。把人類迄今所有的知識分為四大類：事實知識（know—what）、原理知識（know—why）、技能知識（know—how）和人力知識（know—who）。在《科學、技術和產業展望報告》中，總結了經合組織國家九○年代以來經濟發展的軌跡與趨勢，提出知識經濟的主要特徵及其作用地位。經合組織認為，知識經濟的主要特徵是：

第一，科學和技術的研究開發日益成為知識經濟的重要基礎。在一九九三年，全部經合組織國家的工商業的科技研究開發，有將近三分之二的經費用在高科技產業上。

第二，資訊和通訊技術在知識經濟的發展過程中

處於中心地位。在製造業的行業中，非電力機械（包括電腦）和電力機械（包括通訊設備）是成長速度最快的部門。資訊和通訊設備的部門與行業的投資中，金融、長途電信及零售業等方面的服務性產業占了巨大比例。

　　第三，服務業在知識經濟中扮演主要角色。工業經濟向知識經濟轉變，在產業結構調整上表現為經濟由製造業向服務業轉換。由於高新技術的不斷湧現，新型產業群，如電腦、通信、航空航太等產業的迅速崛起，同時帶動了與其相關的服務產業的蓬勃發展，也為社會提供了許多新的就業機會，較好地解決了失業問題。

　　第四，人的素質和技能成為知識經濟實現的先決條件。由於所有經濟部門都變成了以知識為基礎，以知識為經濟成長的動力，以先進技術和最新知識武裝起來的勞動力就成為決定性的生產要素。

　　此外，吳季松博士認為，所謂的「知識經濟」，是指區別於以前的以傳統工業為產業支柱，以稀缺自然資源為主要依託的新型經濟。它以高科技產業為第一產業支柱，以智力資源為首要依託，因此是可持續發展的經濟。它的特點有：

　　第一，知識經濟是促進人與資源協調、可持續發展的經濟。知識經濟中的高科技產業把科學與技術熔為一體，科學、合理、綜合、高效的利用現有資源，同時開發尚未利用的富有自然資源來取代已近耗竭的稀缺資源。

　　第二，知識經濟是以無形資產投入為主的經濟。傳統工業經濟需要大量資金設備，有形資產起決定性作用，而知識經濟則是知識、智力、無形資產的投入起決定作用。無形資產的升值也將帶來社會價值觀的變化，擁有更多的知識的人獲得高報酬的工作增多，知識強國的產出增加。

　　第三，知識經濟是在世界經濟一體化條件下的經濟。任何國家都可以利用自己的智力資源，在高新技術的某一領域領先，在世界大市場中占有一席之地，成為世界經濟一體化中不可或缺的一部分。

　　第四，知識經濟是以知識決策為導向的經濟。知識經濟的決策和管理必須知識化，科學決策的宏觀調控作用在知識經濟中有日益增強的趨勢。

　　中國科普研究所袁正光先生認為，同工業經濟時代相比較，知識經濟將有很多變化。具體表現在：

　　第一，經濟動力的變化。人類從農業經濟轉向工

業經濟的推動力量，是蒸汽機技術和電氣技術；知識
經濟的推動力量，是電子和資訊革命，特別是九〇年
代以來的數位化資訊革命。

第二，效率標準的變化。工業經濟時代的效率標
準是勞動生產率，強調的是量的增加；知識經濟時代
是知識生產率，強調的是知識的有用程度。

第三，產業內容的變化。工業經濟的主要產業是
製造業；知識經濟時代是製造業和服務業逐步一體
化，而且服務業將占越來越重要的地位，特別是提供
知識和資訊服務將成為社會的主流，「數位經濟」、「網
路經濟」、「虛擬經濟」成為知識經濟時代的新特點。

第四，管理重點的變化。工業經濟時代管理的重
點是生產，是增加產量；知識經濟時代的管理重點是
研究開發、銷售以及職工培訓。

第五，勞動力結構的變化。工業經濟時代，直接
從事生產的工人占勞動力的 80%；知識經濟時代從事
知識生產和傳播的人占 80%以上。

第六，生產方式的變化。工業經濟時代的生產方
式是標準化、專業化和社會化，是集中化生產；知識
經濟時代則是非標準化和分散化的生產方式。

第七，社會主體的變化。工業經濟時代工人階層

是社會的主體；知識經濟時代知識階層成為社會的主體。

　　第八，分配方式的變化。工業經濟時代主要是崗位工資制；知識經濟時代則將過渡到按業績付酬制。

　　第九，經濟學原理的變化。工業經濟以物質為基礎，主要生產要素是能源、原材料及勞動力等，遵循「收益遞減原理」，其基本特徵是周期性；知識經濟以知識為基礎，知識成為經濟成長的核心，表現為「收益遞增」，其基本特徵是持續性。

　　馬豔等人所著的《知識經濟中的風險利益》一書認為，如果從風險的角度來界定知識經濟，則可以定義為：知識經濟是以知識為基礎，以知識創新為源泉，以知識、資訊、風險為主要特徵，以高科技風險產業為主導產業，以知識資本或風險資本作為主要資源依託，以知識型風險人才為基本保證，以風險利益極大的增進為主要動力或目的的經濟。

　　與此相應，就知識經濟的特徵而言，風險利益同知識、資訊一樣也是知識經濟的重要特徵之一。其根據為：

　　1.知識經濟是風險性最強的經濟。

2.知識經濟是利益獲得最不確定的經濟。

3.風險利益是知識經濟的基本動力和最終目的。

4.知識經濟是最適宜經濟迅速成長的經濟形態。

綜上可見，理論界關於知識經濟特徵的表述也是眾說紛紜，莫衷一是，但是，理論界關於知識經濟特徵的探討在如下幾個方面是有一定的共識的：

第一，知識經濟產生於資訊技術。

對應工業經濟產生於蒸汽機技術，知識經濟產生於資訊技術。一七六九年，機械師瓦特（James Watt）對孕育已久的蒸汽機作出了關鍵性的改進，使其達到實用水準。一七八四年，蒸汽機應用於紡織生產。從此，大機器生產擺脫了對自然力的過分依賴，集中的工業生產和工業化的城市迅速發展起來，引發了冶金、採煤、機器製造和交通運輸的大發展，從而使許多國家進入了工業化社會。

在二十世紀下半葉，出現了資訊技術為先導的高科技群的迅速發展，促進了工業化社會向資訊化社會和知識經濟轉變的過程。當代資訊技術的迅速發展首先是由於微電子技術的突破與巨大進展。電子設備的不斷小型化、廉價化和普及化，為電子技術在國民經

濟的普遍應用創造了條件，同時資訊的獲取、傳輸和
處理技術的迅速發展，也促進了資訊產業的飛速發
展。光纖通訊技術和衛星通訊技術的應用，更為人類
克服空間和時間的障礙提供了先進的手段。

　　資訊技術在全社會的廣泛滲透和使用，對社會經
濟生活帶來了全方位的影響。一是資訊產業成為國民
經濟的主要經濟部門；二是資訊和知識成為重要的資
源和財富，國與國、地區與地區、企業與企業間的差
距，主要表現在對資訊與知識的生產、傳播、使用能
力上的差異；三是擁有先進的資訊網路，資訊活動時
間加快；四是全社會生產自動化程度大大提高，自動
化技術將在社會管理、經濟管理、企業生產管理等方
面普及。由於資訊社會中資訊技術的充分應用，資訊
處理價格的降低，尤其通訊和電腦技術的「數位趨同」
以及國際網路化的進程加快，使資訊、知識的創造、
儲存、學習和使用方式產生了第二次革命，從而使知
識和資訊的商品化能力大大提高，知識和資訊應用於
製造業、服務業的速度大大加快，進而引起全球經濟
成長方式發生根本變革（趙弘、郭繼豐，1998）。可見，
資訊技術的快速發展已經成為推動經濟發展和社會變
革的強大力量，它是知識經濟產業的基本力量。

　　第二，知識經濟是以知識資本的投入作為決定性因素。

　　傳統工業經濟是以資金、設備、廠房等有形資產的投入作為其發展或市場競爭成敗與否的決定性因素。而知識經濟則是知識、智力等無形資本的投入對經濟的發展起決定性作用。在這裏，知識已成為真正的資本與首要的財富。如美國微軟公司創立的時間並不長，但其目前總資產已超過了美國三大汽車公司資產的總和。其實，微軟公司所擁有的有形資本根本無法與美國的三大汽車公司相提並論。微軟公司之所以在如此短的時間內創造如此大的奇蹟，關鍵在於其在電腦軟體產品開發中所附加的人的創造力和世界領先的技術，關鍵在於比爾‧蓋茲走出了一條把知識作為資本來發展經濟的成功之路。另據瞭解，美國最近幾年經濟成長能夠保持近 4％的成長率，其中約三分之一是資訊產業的發展帶動的，而傳統支柱產業只占 14％，汽車業只占 4％。由此可見，一個國家或一個企業謀求發展，保持強勁的競爭力的過程已由主要占有資金、設備、廠房等有形資產，轉為占有更多的知識、智力等無形資產。當然，知識經濟也需要資金、設備等有形資產，因為對知識、智力、資訊等無形資產的

獲取仍需要利用一定的物質手段，它們也總是或多或少地需要透過一定的物質載體表現出來。知識經濟不是不要物質資源，而是利用物質資源生產物質產品的方式發生了重大的、革命性的變化。由於自動化生產、資訊化管理，以及企業組織形式、生產方式的柔性化，使得無形資本的投入變得更為重要。目前，美國許多高新技術企業的無形資產已超過總資產的 60%（孫錢章，1999）。

第三，知識經濟是以創新作為運轉動力。

在知識經濟時代，知識的生產過程也就是知識的創新過程，如果離開以知識創新為核心的持續創新能力，人類社會經濟生活就會失去賴以維繫的基本前提。應當強調，人類社會經濟的發展都離不開創新。但是在農業經濟時期創新的進度非常緩慢；到了工業經濟時期，創新的速度已經加快，但是每次創新所經過的時間仍相對比較漫長，範圍相對比較有限。而在知識經濟時代，創新的速度空前加快，創新的範圍已覆蓋全社會。由於知識創新的周期縮短，從而使任何知識都具有暫時性的意義，這就迫使人們不斷進行知識創新和知識更新，以適應知識經濟條件下形勢發展的需要。從而使知識產品的供給和需求不斷得到充分

擴展。

　第四，風險是知識經濟的顯著特點。

　知識經濟是風險性最強的經濟。風險的程度是由
事物的不確定性程度予以衡量，而不確定性程度主要
受所衡量事物的變異速度、流動程度等因素所制約。
一般而言，所衡量事物的變異速度越快，流動性越大，
不確定性就越大，反之，不確定性就越小。知識經濟
與傳統經濟相比其不確定性更強，是因為知識經濟是
一種高速變異、高速流動的經濟。知識經濟之所以能
引起經濟社會的極大關注並為之發展而努力，還在於
知識經濟是人類有史以來利益最不確定的經濟。在知
識經濟中可能獲得極大的風險收益，也可能蒙受極大
的風險損失。風險利益是知識經濟的基本動力和最終
目的，在知識經濟中可能獲取的巨大風險利益，不僅
能萌發人們從事不確定經濟活動的衝動，而且能將人
們最大的潛能都激發出來。勞動經濟、土地經濟和資
本經濟都具有不確定性，都具有促進經濟成長的功能
和機制，但是相較之下，知識經濟則是最能增進經濟
可持續發展的經濟。

　第五，在知識經濟條件下，知識產業和第三產業
占主導地位。

　　在工業經濟條件下，第二產業占主導地位。例如，英國第二產業的比重在一九一九至一九二九年為 41.3％；德國第二產業的比重在一九三五至一九三九年為 50.3％，一九六三年為 54％，一九七一年仍為 53.3％；法國第二產業的比重一九六三年為 51％，一九七一年為 52％。

　　到了後工業社會，發達國家和第三產業的比重不斷上升。如一九九四年，美國第三產業占 71.1％，法國占 70％，英國占 66％，日本占 58％，德國（1993年）占 61％。

　　在知識經濟時代，新興服務業消除地理、距離和時間的界限，減少了貿易的許多環節，使交易費用顯著降低，如電子商務的發展將消除市場准入壁壘，大幅降低費用。金融、電信和運輸服務將為世界經濟創造一個全球基礎設施，它將大大促進供給產業的調整升級和新興產業的成長（李京文，1998）。

　　第六，在知識經濟條件下，社會勞動者將以從事腦力勞動為主的知識分子為主體。

　　在工業經濟時期，社會勞動者以體力勞動大眾為主體。在知識經濟條件下，由於資訊化發展和知識作用的提高，出現了產業結構的軟化，使整個社會中從

事腦力勞動的人數不斷提高，作用日益提高。例如，對於農牧漁業來講，由於生物工程技術、遺傳工程技術、海洋工程技術、電子電腦技術等的發展應用，使農牧漁業日益向著工廠化、離土化、人工智慧化的方向發展，這就大大減少了對農業勞動力的需求，相應地對農業科技與管理人員的需求將顯著上升。在工業部門中，由於生產自動化水準的不斷提高，導致從產業的研究開發設計加工製造到質量檢驗的整個生產過程日趨軟化，結果是出現了大量由電腦操縱的無人廠房、無人工廠，體力勞動者逐漸趨於零。同時產業的許多生產和經營環節從生產中分離出來，成為和平性的服務部門，如從事產品開發、技術開發、統計、稅務和會計等的機構，其成員主要是專業人員。因此，從事體力勞動的「藍領階層」將由占社會勞動者的80％以上，逐漸下降到20％以下，而從事腦力勞動的「白領階層」人數將上升至80％左右。例如，美國一九五六年在製造業中的「白領階層」人數首次超過「藍領階層」人數。一九六〇年他們的比例關係發展為 75：25；一九九〇年進一步變為 84：16（李京文，1998）。

第七，知識經濟是可持續發展的經濟。

工業經濟以不斷掘取自然資源來獲得經濟的發

展，這種經濟發展的直接後果是導致了多種自然資源
日益枯竭，使生態環境日趨惡化，而知識經濟能夠把
科學與技術熔為一體，做到科學、合理、綜合、高效
地利用現有資源，開發尚未利用的自然資源，因而能
實現經濟可持續發展。同時，由於知識經濟是建立在
無形的知識和資訊的生產、儲存、使用和消費之上的
經濟，因而在知識經濟條件下，有形自然資源的稀缺
性對經濟的制約作用相對於工業經濟大大減弱，從而
使經濟重新獲得了廣闊的發展前景。

　　第八，知識經濟是一種新經濟。

　　新經濟的最初含義是指美國經濟在九○年代以
來所表現出的一種狀態：在經濟資訊化和全球化基礎
上的長期高成長、低通膨、低失業，這使傳統意義上
描述失業和通貨膨脹反方向相關的菲力浦曲線不再適
用。美國《商業周刊》主編史蒂芬・謝波德界定了「新
經濟」概念，並指出新經濟的六大特徵：國際國內生
產總值大幅成長，公司營運利潤上漲，失業率低，通
貨膨脹率低，進出口之和占國內生產總值的比例上
升。美國國家商務部一九九九年度報告中，為新經濟
做了以下定義：「新經濟指在過去的十五年中，由於功
能強大的個人電腦、高速的電子通訊以及網路技術的

發展不斷得到改進的市場的不同名稱加在一起的簡
稱，包括資訊經濟、網路經濟、數位經濟、知識社會
以及風險社會等。」

　　「知識經濟」和「新經濟」兩個概念產生的歷史
背景相同，所反映的客觀對象相同，二者都是對以美
國為代表的發達國家在進入九〇年代以來，在社會經
濟生活領域所發生的深刻變化的理論概括，所以從這
個角度來說，知識經濟就是新經濟，新經濟也就是知
識經濟。

　　知識經濟與新經濟的區別表現在如下幾點：

1.側重點和角度不同。「知識經濟」側重於生產要
　素的變化，反映知識在工業經濟時期只是一般
　要素，而到知識經濟時期已轉變成經濟發展的
　決定性要素。「新經濟」側重於反映經濟成長方
　式發生變化後所出現的「兩低一高」（低失業
　率、低通貨膨脹率、高經濟成長率）這種結果。

2.參照點不同。知識經濟的參照對象是農業經濟
　和工業經濟，新經濟的參照對象是傳統模式的
　舊經濟。

3.知識經濟是一種經濟形態，作為經濟形態，它

具有絕對的意義，即任何國家都有可能進入知識經濟。而新經濟不是一種經濟形態，只是一種經濟成長模式的對比，因而它具有相對的意義。如同工業經濟也曾經「新」過，而現在已經變「舊」了一樣。「知識經濟」目前只有美國等少數發達國家剛剛進入，所以它是「新經濟」，而一旦所有國家都進入知識經濟時，它就不再是新經濟了。因而我們可以說，落後國家可以進入知識經濟，但不能進入新經濟。

4.就現階段來說，「知識經濟」和「新經濟」存在一定的因果聯繫，即「知識經濟」是「新經濟」的原因，「新經濟」是「知識經濟」的結果。

　　第九，知識經濟是全球經濟一體化條件下的經濟。

　　知識經濟以高技術產業為主要支柱，而高技術產業的開發領域十分廣闊，任何國家都不可能在資訊技術、生命科學、基因工程、新能源、新材料、空間技術、海洋開發技術、環境科學等層出不窮的高新技術中全面領先，而只能充分利用自己的智力資源，「有所為，有所不為」，在某一個或某幾個技術領域中擁有自

己的優勢，構成世界經濟一體化的一部分，然後透過
各國互利合作，優勢互補，實現世界範圍內科學技術
水準的普遍提高和經濟的總體成長。目前，全球經濟
一體化趨勢越來越明顯，在生產領域，跨國公司為降
低成本、提高國際競爭力，在全球開發技術生產基地，
推動了生產國際化。一九九七年，私人國際投資達五
千億美元，是八〇年代末的兩倍。在交換領域，商品
和勞務的國際交換迅速增加。一九九七年，全球商品
出口五百零四億美元，比八〇年代末上升 80%。金融
市場已形成全球一體化，在股票市場、資訊高速公路
使全球數百億美元的交易，可以透過電腦便捷運作，
數千億美元的游資可以在瞬間由一國流向另一國，人
們可以坐在家裏參加全球的證券交易。總之，知識經
濟與全球經濟一體化有著一種不可分割的必然聯繫：
知識經濟的發展要求全球經濟一體化；全球經濟一體
化，客觀上又進一步促進了高新科學技術知識的傳播
和應用，為知識經濟的進一步向前發展提供了新的動
力（孫錢章，1999）。

第一章
知識經濟的主要手段：
資訊化

　　有人提出「資訊是知識經濟發動機的燃料」，資訊技術，諸如晶片技術、光通訊技術、網路化技術以及軟體技術的發展，為知識經濟時代的到來創造了技術條件，同時知識可以轉化為資訊，並透過電腦和通訊網絡進行編碼和傳播，徹底改變了知識的生產、傳播、應用及儲存的方式。可見資訊化是知識經濟的關鍵要素與手段，它可以與知識相提並論。

一、資訊化與知識傳播

　　瞭解資訊化，首先要理解其內在的含義。

(一)資訊化的含義

　　資訊化是指社會經濟的發展，從以物質與能量為經濟結構的重心，向以資訊為經濟結構的重心轉變的過程，在這個過程中，不斷採用現代資訊的技術裝備國民經濟各部門和社會各領域，從而極大地提高社會勞動生產率。理解資訊化應注意如下幾點：

　　第一，資訊化是一個相對的概念，資訊化的程度取決於社會整體及各個領域的資訊獲取、處理、傳遞、儲存、利用的能力和水準。

　　第二，資訊化是一個漸進的過程，每一個新的進展都是相對於前一階段的狀態而言。

　　第三，資訊化已成為度量經濟運動質量與效率的最重要標準之一，各國、各地區都把資訊化看作國力和競爭力的重要組成部分，更加關注資訊資源的開發利用和資訊化能力的建設。

　　第四，資訊化的根本目標是透過提高社會各領域資訊技術應用和資訊資源開發利用的水平，從而提高社會各領域的效率和質量，為社會提供更高質量的產量和服務。

　　第五，從經濟角度來看資訊化，其含義主要是指

資訊逐漸成為整個經濟活動的基本資源，資訊產業逐漸成為整個經濟結構的基礎產業，資訊活動對經濟成長的貢獻越來越大的過程。經濟的資訊化是在經濟發展到一定階段上必然發生的，集中表現為經濟成長模式的知識密集型轉化，產業結構的重心向經濟效益和成長質量較高的資訊產業發展的過程（李京文、李富強，1999）。

第六，資訊化的發展程度主要依託於資訊技術的發展。資訊技術指的是借助以微電子學為基礎的電腦技術和電信技術結合而形成的手段，對聲音的、圖象的、文字的、數位的和各種傳感信號的資訊進行獲取、加工、處理、儲存、傳播和使用的能動技術。資訊技術作為最活躍的生產力，正在影響和改變著人們的社會及日常生活，影響和改變著社會、國家間的關係。知識經濟是以技術知識和科學管理知識為依託。高科技知識除資訊技術知識之外，還包括生命科學、基因工程、新能源、空間技術等方面的知識。其中，資訊技術是主導，在高科技中居於最突出的位置。所以，知識經濟的興起在很大程度上取決於現代資訊技術的發展。

(二)資訊化的關鍵技術

■電腦技術

電腦是人類製造出來的資訊加工工具。對應人類製造的其他機器設備能代替人的部分體力勞動，電腦能進一步代替人的部分腦力勞動，可以說它是人類大腦的延伸。最初出現的電腦是在二戰後期用於軍事上的一系列彈道計算，它體積龐大，耗電驚人，功能有限。電晶體的問世，為電腦進步提供了充足的條件。一九五四年由美國貝爾實驗室製成的第一台電晶體電腦——TRADIC，使電腦體積縮小。一九五八年美國IBM公司製成全部使用電晶體的電腦，從此宣告第二代電腦誕生。第二代電腦運算速度比第一代電腦運算速度提高了近百倍。它的磁心的儲存量為幾萬至十幾萬個資料，而且還增加了可以儲存幾百萬甚至幾千萬資料的輔助記憶體——磁片。編製程式不僅專業人員可以做，許多工程式技術人員也可以做。包括使電腦的應用範圍擴展到商業和管理等更多的領域。

二十世紀六〇年代中期，隨著積體電路的問世，第三代電腦誕生，其標誌是一九六四年由美國IBM公

司生產的 IBM——360 系列機。它體積小，可靠性高，最長可工作一百億小時，平均使用三千三百萬個小時才有損壞的可能。由於第三代電腦具有通用化、系列化和標準化的特點，因此大大減輕了人們購機的費用和編製程式的負擔，並有利於程式的積累，促進了電子電腦的普及。

　　第四代電腦，是以大型積體電路作為邏輯元件記憶體，這就為電腦向著微型化和巨型化方向發展。微型機具有體積小、成本低、操作簡便等優點。微型機的出現，極大地推動了電腦的普及和應用，各種用途的小型電腦如雨後春筍般地湧現。微機面世後發展極快，差不多每隔兩年就換代一次，而編製程式更趨完善，資料庫管理網路和資料庫技術得到迅速發展，使人們可能更方便地增刪和修改存放在微機中的資訊、查詢機中的資料，以及根據機中的資訊進行統計和列印各種圖表。特別是電腦與通信網路結合起來，出現了電腦網路化，用通訊網絡把計算中心和公布在各地的終端設備聯繫起來，更有利於電腦的普及和應用。

　　第五代電腦的開發，是以人工智慧技術和人工神經網路技術研究為核心和基礎的。人工智慧研究的問題可以歸納為問題的求解、感知、推理、執行、學習

等幾個方面。人工神經網路的特點和優越性主要表現
在三個方面：第一，具有自學習功能。例如實現圖象
繪製時，只要先把許多不同的圖象樣板對應的應識別
的結果輸入人工神經網路，網路就會透過自學習功能
慢慢學會繪製類似的圖象。自學習功能對於預測有特
別重要的意義。預期未來的人工神經網路電腦將為人
類提供經濟預測、市場預測、效應預測，其前途是很
遠大的。第二，具有聯想儲存功能。人的大腦是具有
聯想功能的。用人工神經網路的反饋網路也可以實現
這種聯想。第三，具有高速尋找優化律的能力。尋找
一個複雜問題的優化解，往往需要很大的計算量，利
用一個針對某問題而設計的反饋型人工神經網路，發
揮電腦的高速運算能力，就可能很快找到優化解（趙
弘、郭繼豐，1998）。

■**軟體技術**

在當今社會，知識的創新、獲取、處理、管理、
傳輸和運用都已很難離開資訊技術，特別是軟體技術
的支持。軟體一方面可以作為工具，對知識過行有效
的處理、管理和傳輸。微軟公司的成功正在於它控制
了這樣的軟體工具。另一方面，軟體是知識的重要表

現形式，是一種重要的知識產品。軟體能夠將抽象的知識概念變成具體的、特定的、可操作的東西，從而將其資本化而產生財富。所以，不少專家預言，未來社會的競爭就是軟體的競爭，未來經濟的發展，在很大程度上取決於軟體的發展（王德化、王國榮，1999）。

■網路技術

　　根據美國《時代》（*Time*）周刊的報導，全球公認的一句話是：「二十世紀最偉大的發明是電腦，而電腦在本世紀最偉大的應用則是網際網路。」電腦網路正在改變社會的認識結構，改變人們的思維和生活習慣。IBM 總裁郭士納宣布：「網路為中心的電腦時代已經到來。」而微軟總裁比爾‧蓋茲也宣布：「微軟將全力進軍網際網路領域，它將成為我們一切工作與開發的中心。」

　　網際網路發展迅速，開通四年時，其上網人數就超過了五千萬，據統計，網際網路的資訊流量每一百天成長一倍，截至一九九七年底，全球使用網際網路的人數超過一億人。

　　以全球資訊網路普及和全球資訊共享為標誌的「全球資訊網路化革命」已經蓬勃興起，其實質是人

同資訊交流方式的現代化革命。由於資訊交流是人類
社會賴以形成和發展的重要支柱，因此這次革命正在
推進社會進入一個嶄新的文明社會——資訊社會。資
訊社會的重要特徵就是打破了以往社會中人類以地理
位置相對集中為主要特徵的工作、生活和交往方式，
使人們不受地理位置限制的上班辦公、學校教育、科
研協作、醫療保健、銀行結算、商業貿易、會議論談、
圖書館查閱等，都能夠借助網路資訊手段實現，辦公
自 動 化（ office automation ）、 家 庭 自 動 化（ home
automation ）和工廠自運化（ factory automation ）即
"3A"革命正在實現。

　　透過網路、電腦，政府部門和企業可以在網上發
布各種資訊，進行對話交流和網上電話電視會議，以
加快資訊流動，提高工作效率和降低各種費用。

　　企業可以在網際網路上開設站點，發布產品資
訊，製作發布網上商業區廣告，能以相對低的成本向
全球作廣告宣傳。在銀行信用網路、國家和銀行等各
級認證中心建成後，電子商務將會極大的發展。據美
國商務部的報告，網上交易額可望於二〇〇二年突破
三千億美元（李京文，1999）。

(三)知識化傳播需要以資訊化為手段

知識總量的高速成長在客觀上要求知識傳播手段現代化。因為知識總量成長的速度非常快。如科學雜誌的數量在一七五〇年為十種左右，十九世紀初期達到一百種，十九世紀中期達到一千種，一九九〇年達到一萬種。再如《大英百科全書》一九四六年版只由兩名科學家編寫，一九六七年則由一萬名專家編寫，而現在的最新版需幾萬名專家學者進行編寫。

知識經濟時代知識成長的速度更快，可謂知識「大爆炸」，這就需求多樣化和現代化的知識傳播手段與之相適應，資訊化正好能滿足這一需求。隨著衛星通訊、電腦技術的普及，資訊傳遞手段不斷翻新，傳遞速度大大加快。中國十八世紀修撰的《四庫全書》，含書三千四百餘種，七萬九千三百餘卷，約八億漢字。用光碟儲存圖形版需一百六十餘張，全文字版只需十餘張。一九九六年全世界在網際網路上發行的報刊近兩千種；許多圖書館、博物館也已實現網路開放；美國近 60％的銀行透過電視、網路和自動櫃員機進行；一些公司已在開展網路商業零售、網上房屋銷售、網上電腦銷售等業務。用電腦來收集、儲存、整理、加工知識和資訊化，

令人難以想像的高質量和高效率，使人們從繁重的記憶性腦力勞動中解放了出來，從而可以把智慧集中到整理人類的知識，進而進行更高的創造性腦力勞動，這是知識經濟的基本要求。知識經濟是建立在知識和資訊的生產、分配和使用上的經濟，其中知識的生產不應是已有知識的簡單重複，這點與一般物質產品的生產不一樣。一般物質產品在被設計出來後，可以根據市場需求不斷重複生產相同的產品。而一種知識產品一旦被生產出來，就不需要再生產，只需要根據人們的需要進行傳播。所以知識的生產是指創造出新知識，即進行知識創新。知識創新是知識生產的應有之意。而要進行知識創新，必須全面快捷地占有已有的相關的知識材料，這一點，只有運用資訊化手段才能做到。

二、資訊產業及其作用

在知識經濟時代，資訊產業是其支柱產業之一。

(一)資訊產業的含義及其結構

資訊產業是直接進行資訊的生產加工與分配，並

以資訊產品或資訊服務作為其產出的產業。資訊產業
是一種為其他產業服務的產業，又稱第四產業，它包
括資訊的收集、傳播、處理、儲存、流通、服務等過
程。

　　關於資訊產業的結構，馬克‧尤里‧波拉特作了
如下劃分：

1. 資訊市場部門：知識生產者，包括科技工作者、
   私人資訊服務工作者；知識分配者，包括教育
   工作者、公共資訊傳播者。
2. 市場訊息部門：調查協調人員，包括資訊收集
   人員、調查和協調人員（採購員、售貨員、經
   紀人等），計畫控制人員（幹部、管理員、工頭
   等）；資訊加工人員，包括非電子資訊處理人員
   （校對員、秘書等）、電子資訊處理人員（銀行
   出納員、打字員等）。
3. 資訊基礎設施類：資訊機器工作人員，包括非
   電子機器操作人員、電訊工作人員。

　　根據中國大陸現狀，按資訊產業的功能，資訊產
業具體做如下劃分：

1.資訊設備製造業：包括電腦、外部設備、積體
  電路、資訊功能材料（器件、通訊、廣播設備），
  教育用電子資訊設備、複製設備、顯示設備、
  光電子設備、辦公自動化設備、新興通訊設備
  等硬體產業。

2.資訊生產加工業：包括新聞、廣播、報紙、雜
  誌、印刷、錄影視聽、資料庫、標準、計量（指
  非金屬）、氣象、地震、測繪、勘察（非金屬）
  等產業。主要有綜合和自然技術專業兩大資訊
  加工業，也叫軟體產業。

3.資訊服務業：包括資訊處理（電腦中心等），資
  訊提供（資料庫、聯機檢索等）、資訊技術開發
  （電腦應用技術、交流技術、諮詢服務等），提
  供軟體（編製各種程式）、電腦銷售業務等。主
  要是以電腦、資訊處理技術為主體的「軟體技
  術」性服務業。

4.資訊流通業：包括圖書館、情報、檔案、諮詢、
  專刊、廣告、郵政、電信、資料通信、設計、
  統計、銀行、保險、財稅、會計、審計、管理、
  教育、研究發明、技術推廣、資訊提供、市場
  調查、通信服務（智慧用戶電報、電子郵件、

音聲郵件、電子報紙、衛星通信、光纖通信、
移動通信、圖象、通信、電視資料系統、綜合
業務資料網路、區域網路、廣域網路、全局網
路、電腦通訊網）等。其中的電子、微電子產
業、電腦產業、通訊產業及資訊服務業在知識
經濟社會中起著不可替代的作用，是其他資訊
產業的基礎（李京文、李富強，1999）。

(二)資訊產業的特點

資訊產業的特點有以下幾點：

1. 資訊產業是新興產業，目前尚處於成長階段，
   它主要面向未來，服務於新興工業。
2. 資訊產業是戰略性產業，資訊是現代化社會的
   一大戰略資源，發展資訊產業可以擺脫物質、
   能源貧乏的困境，以資訊產業逐步取代傳統的
   物質產業，對社會經濟的繁榮發展具有重大戰
   略意義。所以許多國家正在抓緊研究制定資訊
   產業發展計畫，資訊產業技術，以占領戰略制
   高點。
3. 資訊產業是知識密集型產業。如資訊產業中的

教育業、圖書館業、資料庫業、情報業、諮詢
業、新聞業、廣播業、報刊業、旅遊業、軟體
業等都是以知識、文化、智力的開發研究、傳
播為職能的產業。資訊產業的核心，如微電子、
光電子、電腦，以及通信、人工智慧、專家系
統、知識工程等技術，既是產業本身的裝備技
術，又是服務於社會的應用技術，是新技術的
主流，充分表現出知識的密集型。

4.資訊產業是高成長型產業。資訊產業在二十世
紀八〇至九〇年代達到兩位數以上的高成長
率，在美國，九〇年代以前為 40%左右，而一
般產業部門為 5%至 15%。

(三)資訊產業的作用

資訊產業的作用有以下幾點：

1.資訊產業能大量節約資源消耗，提高社會經濟
效益。一方面，資訊產業本身的物質消耗很低，
其中有些行業幾乎是無物質消耗的智慧產業；
另一方面，資訊產業透過對其他產業提供資訊
技術與設備的服務，能使其他產業節約物質和

能源消耗。

2. 資訊產業的發展能促進產業結構的優化。這裏的產業結構優化，是指將「勞動密集型」和「資金密集型」產業為主的產業結構，轉變為以「知識技術密集型」產業為主的產業結構，而資訊產業正是知識技術密集型的產業。

3. 資訊產業的發展能提供大量的就業機會。近年來，資訊產業部門的勞動力在經濟發達國家的就業結構中，已經占有較高的比重，美國資訊從業人員已達 63％，日本已達 50％以上。據美國預測，在近數十年中，社會成長的就業人數最主要的是資訊職業。這表明，資訊產業部門為提供就業機會，提高社會就業率，開闢了一條重要途徑。雖然微電子辦公自動化等資訊技術的應用，帶來了某種程度的結構性失業現象。但從長期看，資訊產業的發展將帶動文化、教育、知識等產業的發展，從而開闢大量新的就業機會。

4. 資訊產業的技術發展能促進整個社會經濟的發展。資訊產業對整個社會經濟發展的推動作用主要表現在以下三個方面：首先，資訊產業的

　　發展促進社會分工的發展，從而促進社會經濟
的發展。因為資訊產業的建立和發展標誌著專
門收集經濟資訊和生產經濟資訊產品及資訊技
術的行業，從第一、第二、第三產業中分離出
來，組成新興的第四產業，從而促進了社會大
分工的發展。第二，資訊產業的發展為社會經
濟提供了一個「跳躍式」發展機會，因為發展
資訊產業不僅為社會經濟提供了電腦、微電
子、人工智慧等資訊技術裝備，還能夠運用資
訊的成果對傳統產業進行技術改造，使傳統產
業的生產力和勞動生產率獲得更大提高。第
三，資訊產業能為社會經濟決策提供依據。現
代社會經濟發展離不開決策，只有正確的決策
才能使產業在市場競爭中處於優勢。而正確的
決策必須以資訊產業提供的經濟資訊為重要依
據。

(四)美國資訊產業的發展及其影響

　　資訊產業的發展主要依靠資訊技術進步，而資訊
技術進步的標誌是電腦的不斷發展，包括電腦硬體和

軟體的發展。美國資訊技術的發展，經歷了由電腦主機的資訊集中處理形式到個人電腦的資訊分布處理形式的進步，然後又經歷了由單一電腦操作到電腦聯網操作，由電腦用戶——伺服器模式到分散式電腦模式，由單一資料到大型資料庫和由電腦區域到網際網路的進步。美國電腦的發展，推動了資訊技術的進步，進而又推動了資訊產業，特別是資訊服務產業的發展。

據美國最近發展的報告，資訊產業已成為美國最大的產業，其重要性排在建築業、食品加工業和汽車製造業之前。十年前還薄弱的資訊產業，如今已占美國國內生產總值的 8%以上。以資訊技術為主的知識密集型服務的出口，已相當於產品出口額的 40%。據預測，美國依靠資訊技術和資訊產業，到二○○七年，其生產率將比目前提高 20%至 40%。從一九九○年至一九九六年，美國資訊產業和銷售額成長了 57%，達到八千六百億美元。

美國高科技資訊產業已經取得主導地位，微軟、英特爾等已取代美國三大汽車公司當年的地位。

電腦硬體業是資訊產業的基礎，美國十分重視電腦硬體的研究與開發，主要集中研製和生產電腦的「心臟」部分，包括電腦的中央晶片、記憶體和高速顯示

處理模組。英特爾公司在這方面占主導地位，該公司的 Pentium 微處理器速度已超過 200 兆赫，能作 32 位運算。最近，英特爾公司又推出比 Pentium 微處理器還要快 10％至 20％的多媒體微處理器 MMX。

美國目前也是世界上電腦軟體最發達的國家。美國是電腦作業系統軟體的誕生地，從電腦終端到磁片作業系統和 Unix，一直到現在的 Windows NT 和 Windows 95，都已被世界各國廣泛採用。美國擁有的對作業系統軟體強大的開發和研製能力，使它的軟體產業對電信、交通運輸、製造及金屬業產生了巨大的影響，並推動了電腦硬體產業的發展。

資訊產業作為美國的頭號產業，對美國經濟和社會產生了極為深遠的影響。資訊技術及資訊產業的發展動搖了傳統商業網的基礎，改變了人們的消費方式，相繼問世的資訊產品的服務提高了美國人的生活水準，增強了美國的經濟實力和競爭力。資訊技術，特別是網際網路技術大大推動了美國企業的科技含量和科技水準，提高了企業的經濟效益和能力。

從就業市場看，近些年來美國擁有電腦、半導體、電子儀表等資訊技術專業學位的畢業生，不僅最容易找到工作，而且年薪頗高。美國電腦類的大中小

公司往往趕在學生畢業前就到學校招聘，最熱門的電腦軟體、網路設計和管理人才的平均年薪，要大大遠超過絕大部分其他職業的收入。這種情況反過來刺激了成績優秀的學生選擇資訊技術專業，為資訊技術等高科技產業的進一步發展不斷注入新鮮血液（劉大椿、劉蔚然，1998）。

　　美國為進一步推動資訊技術和資訊產業的發展，正在實施多項跨世紀計畫。

1. 「網際網路 II」計畫。實施該計畫可將通信速度提高一百倍至一千倍，以解決網際網路的過分擁擠問題。

2. 一千萬億次超級電腦計畫。實施這項計畫將使目前最快的工作站一年的計算工作縮短到只需三十秒鐘，它比目前最快的電腦快一百多萬倍。

3. 發展十項高新電子技術。美國確定了在二〇一〇年前發展十項高新電子技術：(1)虛擬現實技術；(2)高清晰度電視和顯示器；(3)光子學與光電子學；(4)定向通信；(5)X 射線光刻技術；(6)多晶片模組；(7)超導技術；(8)神經網路；(9)語言和圖形繪製；(10)人工智慧。

4.開發未來晶片。這種晶片的儲存能力將是目前
　速度最快的晶片的一千倍，用這種晶片的微機
　系統，運行速度將是目前速度最快微機的一百
　倍。

5.資助學校上網。為促進學校加快上網步伐，美
　國政府將在五年內撥款二十億美元，作為公立
　學校投資高科技設備的額外資助。

6.人工故事生成軟體。這種軟體可以構思令人驚
　駭的情節，撰寫電腦小說。

7.網路診病。

三、企業資訊化與知識經濟

　　在知識經濟條件下，由於資訊產業在國民經濟中
占主導地位，整個國民經濟都表現出資訊化特徵，企
業資訊化便成為知識經濟的客觀要求。

(一)企業資訊化的內容

　　企業資訊化主要包含以下三個方面：

1. 生產自動化、柔性化和產品智慧化。即綜合地、戰略地應用現代資訊技術（主要由微電子技術、電腦技術和通信技術組成）改造或重建企業的生產技術系統；設計開發智慧含量高的、附加價值大的產品，如國外日歐美的電子廁所、智慧小汽車等。

2. 管理一體化，即在企業資訊基礎或企業內部網路和資訊多維建設的基礎上，以科學決策和最優控制的高度，把資訊作為戰略資源加以開發和利用，並進而把諸多現代科學管理方法和手段根據戰略的需要有機地集成，實現系統內的人才、資金、物質、資訊等要素的綜合優化管理。

3. 組織有機化，即構建或重組一個有限剛性和有限柔性相濟的，具有適應環境所需應變能力的優化組織結構，如扁平型組織結構、專案型組織結構。同時優化一定組織結構框架內的管理業務活動和流程，如被稱為資訊時代工業工程的企業業務過程重構。

企業資訊化的三個內涵在理論與實踐中均是相

互作用、相互制約的，而且也是有機交叉的。例如，當代世界第一大公司——美國通用汽車公司投資二十五億美元建設了一個集電腦集成製造系統（CIMS）、管理資訊系統（MIS）於一體的企業資訊系統（CIS），同時公司原來的金字塔式職能參謀型組織結構演變為網路組織結構。

　　企業資訊化是一個「戰略平台」。「戰略平台」是從軟體工程中「軟體平台」這一概念移植過來的。它是指透過優化整合企業所有資源，變革其生產力要素結構和相應的管理系統，為企業戰略的規劃和實施提供一個內部的堅實而先進的基礎或平台，以有力支持企業參加變化莫測的、激烈的市場競爭。企業資訊化作為一個戰略平台包含兩層意思：

1. 企業資訊化將是企業在資訊時代謀求生存和發展的基礎和必備素質，資訊化的快慢與好壞將是決定企業戰略實力的最主要標準之一。

2. 企業資訊化能為企業所追求的卓越的戰略管理構築一個利於搶占戰略制高點的平台。這主要是因為：(1)企業資訊化革新了企業內部的生產力要素結構，使生產率大幅提高，並同時以不

斷增加的柔性，適應市場需求結構和消費結構
的快速變化。(2)企業資訊化促進了企業管理系
統的優化，促進了組織的創新，使組織的績效
不斷上升。(3)在制定戰略規劃時，如果企業系
統的各種資源（尤其是人力資源和組織）被資
訊化所整合與優化，那麼戰略規劃者便能制定
志在更大競爭優勢的戰略。(4)實施戰略時，企
業資訊化促成的良好的控制資訊系統和有機組
織為戰略的實施、評價和修正等，提供了科學
的資訊機制和激勵機制。

　　綜上所述，企業資訊化的建設及其成果非常有利
於現代企業不斷地改革或解決諸如新產品開發、新市
場開發、改變企業經營方向、領域、規模，提高企業
整體應變能力等素質，變革組織與業務過程等長遠
性、全局性的重大問題，因而在系統的基本結構和功
能上支持了企業動態的戰略管理，並提供了不斷搶占
一個戰略制高點的最佳階梯和「武器」；因此，企業資
訊化是企業在知識經濟環境中謀取戰略勝利的一個高
效能、多元化的平台（李京文、李富強，1999）。

(二)企業資訊化的層次

■生產要素資訊化

生產要素資訊化主要有兩個方面的內容:

1. 知識資訊本身作為新科技要素投入到生產過程，使生產過程發生了根本變化。
2. 隨著知識資訊的不斷滲透，勞動、資本、能源、原材料等這些傳統生產要素也產生了根本性的變化。

資訊以其潛在性、可塑性和共享性等特徵展現出作為生產要素所發揮出來的巨大威力。由於它的潛在性，資訊具有潛在的生產力，如果能最大程度地挖掘和運用，這種潛能就能得到最大程度的發揮，從而產生強大的生產力，由於可塑性，意味著資訊可以重複使用而不影響它的價值。因此資訊可以在不同的部門、不同的條件下，透過不同的形式發揮它的作用，使資訊資源達到最合理的運用，極大地提高生產的效率。由於它的共享性，資訊一旦成為現實的生產力，就能以無成本或低成本的方式迅速擴展和傳播，產生

連鎖反應，帶動生產力的迅速提高，從而推動整個產業和國民經濟的飛速發展。

　　資訊要素在經濟活動中扮演主角的同時，還優化著傳統的生產要素。勞動者透過與資訊的接觸，不斷深化認識，提高自身的生產技能和管理水平，勞動的效率大大提高。與資訊相結合的勞動是腦力勞動，勞動大軍將以科學家、工程技術人員、資訊從業人員等腦力勞動者為主，傳統的體力勞動者將經過再教育，成為新型的腦力勞動者，勞動就業結構日益腦力化。勞動工具也變成了由電腦控制的資訊化、智慧化的機器體系。透過貨幣電子化以及掌握貨幣流通的資訊，還可以大大壓縮在途資金和貨幣投入量，從而加快資本的周轉速度。據統計，美國用於周轉的在途資金只有五億美元左右，僅相當於中國大陸的約六十分之一。據估計，資訊如經合理利用，可使生產效率提高40％至70％，使人力費用節約5％至20％，使生產周期縮短30％至70％，使設計費用下降15％至30％，使設備利用率提高200％至500％。

　　資訊作為生產要素作用於生產過程，使國民經濟的成長方式大為進化。越來越多的產品不再以物質的形式表現出來，而是以電子“bite”的形式出現，從而

有效地降低了原材料和能源的消耗，改善了生態環境，實現了經濟與社會的持續發展，這與知識經濟的特點是相符的，即在完成現在經濟發展目標的同時，以不損害將來發展的可能性為代價，在盡力延長現有資源可利用時間的同時，減輕對生態環境的破壞。

■生產方式資訊化

　　生產方式資訊化包括生產操作自動化、生產模式靈活化、生產規模分散化以及生產分工系統化。

・生產操作自動化

　　數控機床、機器人、電腦輔助設計系統的出現，使資訊時代的生產操作向自動化邁進了一步。日本在這方面成就卓著，他們開發出數控機床和機器人相結合的自動化裝置。由工業機器人自動裝配零件，數控機床自動加工，再配以自動搬運車和自動倉庫，從而形成一個高度自動化的生產系統。有些國家還全力發展一種被稱為 FMS 的柔性作業系統，這是由微型電腦和控制的機械手、裝配機器人、智慧管理系統組成的自動化裝配線，其突出特點就是使進行操作的機器人具有類似人的觸覺和視覺，並能繪製語言和圖象。

‧生產模式靈活化

　　與機械化大量生產相對應的是產品的批量化、標準化，從生產流水線盡頭出來的產品幾乎沒有區別。這種生產方式固然滿足了節約成本的需要，然而卻滿足不了消費者多樣的需求。資訊時代的消費者注重個性，追求商品「僅為我一人而作」的境界。在資訊技術被應用於生產領域之後就能滿足這一要求。即透過電腦化的控制，能設計出靈活的製造系統，將不同的需要，不同的規格、樣式等資訊，以數位編碼的方式輸入電腦控制系統，便可使成批生產變為成套生產。同時，還可根據需求的變化形成相應的資訊數碼，從而使同一套生產設備可以在不同時間生產不同的產品，又可以在不同時間生產同一產品，機器設備的利用率大大提高，並大大減少了零組件和成品庫存量，加速資金周轉，提高經濟效益。

‧生產規模分散化

　　傳統的製造業必須達到一定的生產規模，才能降低單位產品的成本，在競爭中處於有利地位，這就是經濟學上經常提到的「規模經濟效應」。然而，隨著資訊越來越成為主導性的生產要素以及勞動對象的逐漸資訊化，這種「規模經濟效應」出現了弱化趨勢。由

於資訊具有普遍的共享性和可傳播性，相隔遙遠的不同生產者可以分享來自同一資訊源的資訊，也可以對同一份資訊同時進行加工和處理，使資訊的生產者不再有需要分攤的巨額固定成本，中小型企業資訊也不再被行業巨頭壓得喘不過氣來。反而由於經營的靈活性往往使大公司處於不利地位。它們在市場上空前活躍，通常只要開發出來一項成功軟體，就可以迅速積累起令人驚歎的財富。

・生產分工系統化

　　在工業時代，產品結構的日益複雜化使單個企業往往無力生產每一個零組件，而是由多個專業化的配件生產商分別生產，再統一組裝成最終產品。這種分工活動是隨著生產的發展而自然形成的，並與一定的生產力發展水平相聯繫。而資訊時代的生產力水平又有了很大提高。一方面，電腦技術使生產設備的靈活性和勞動者的適應性不斷增強；另一方面，充分的資訊資源使生產者對新工藝和新需求瞭如指掌。這就使分工更強調各個生產環節之間的聯繫，更注重成品整體的系統性。例如：一個大型軟體程式的編製可能也會分拆為幾個部分同時進行，然而分工的同時，必須遵循一條維持該軟體整體可運行性的資訊主線，這與

傳統製造業的產品各個零件之間的機械連動關係有著本質的區別。資訊時代的分工弱化了系統分工方式的孤立性特徵，表現出較高程度的整合性。

■生產結構資訊化

　　生產結構資訊化不僅體現在資訊產業在國民經濟中比重不斷增大，成為主導產業，而其他產業的比重不斷縮小的趨勢，而且體現在資訊產業對其他產業不斷滲透，使其他產業部門也發生巨大變化的過程。如電子資訊技術向第一產業的滲透，使傳統的農業部門得到第二次新生，資訊技術使農業在機械化的基礎上進一步實現自動化和智慧化。資訊技術向第二產業的滲透，使第二產業資訊化的程度日益加深，使分工越來越細、技術越來越複雜、專業化程度越來越高的製造業生產的各個部門有機地聯繫起來，形成一個新的分工體系。資訊技術向第三產業的滲透，使傳統的服務業與資訊技術的結合越來越緊密。第三產業接受了資訊產業所提供的新方式和新手段，並從中分離出第一批資訊服務業，使資訊服務業得到長久的發展（李京文、李富強，1999）。

第二章
知識經濟的重要特性：
風險性

　　雖然，資訊是知識經濟的關鍵要素，可與知識相提並論，資訊可以昇華成為知識，知識啟動成為智力。但就知識經濟的核心內容來看，風險與知識和資訊同樣重要，它對知識經濟所具有的巨大影響力和作用力，也與知識和資訊不相上下。

一、風險性是知識經濟的顯著特徵

　　就知識經濟的特徵而言，風險同知識、資訊一樣，也是知識經濟的重要特徵之一。其根據如下：

(一)知識經濟是風險性最強的經濟

　　風險的程度是由事物的不確定性程度予以衡量，而不確定性程度主要受所衡量事物的變異速度、流動程度等因素所制約。一般而言，所衡量事物的變異速度越快、流動性越大，不確定性就越大，反之，不確定性就越小。知識經濟與傳統經濟相比其不確定性更強，是因為知識經濟是一種高速變異、高速流動的經濟，表現為：

　　第一，知識經濟的基礎——科技知識是以驚人的速度發展和更新。據統計，近三十年人類取得的科技成果，比過去兩千年的總和還多。據預測，二○○○年人類社會獲得的知識比一九九八年要增加一倍，二○一○年則要增加三至四倍，而到二○五○年，今天人類擁有的知識僅占其 1%。

　　第二，知識與科技轉化為直接生產力的速度加快，科技知識成果運用於生產的周期越來越短，更新的速度越來越快。例如，科技知識應用於生產的周期在十八世紀約為一百年，十九世紀約為五十年，一戰時約為三十年，二戰後為七年，七○年代以來逐步縮短為三至四年和一至二年。與此相對應，產品自身的

運行速度也在不斷提高，產品更新換代的速度也在縮短，在本世紀初產品的生命周期為四十年，五〇年代為十五年，七〇年代為八至九年，八〇年代為四至五年，九〇年代電腦及相關產品僅為一至二年。

第三，整個經濟活動的節奏也在加快。知識經濟是以數位網路化的通訊為主渠道，並能實現產銷直接相互連動，即以電腦二進制的「0」、「1」數字編碼為基礎的互聯網路系統來表達、傳輸、交流和共享知識產品。在這種情況下，整個再生產的流轉可以實現光速傳遞，透過一種超物理空間的「媒體空間」來進行，這樣社會再生產的中間環節會逐漸消失，整個經濟流轉的速度自然加劇。

第四，知識經濟擴散的速度和範圍已突破邊界的概念。由於知識經濟活動的超空間進行，使整個經濟活動的流動急劇加速，以致突破了區際、國際的範圍，真正實現了區域、全國乃至全球一體化的發展。據統計，自一九七五年至今，世界貿易總額成長了七倍，發達國家對外直接投資成長了十一倍，自一九八五年以來，世界貿易成長速度比世界產出成長速度快了一倍，而世界直接投資成長率比產出成長率高了兩倍。這表明知識經濟使全球範圍內的商品和勞務貿易，資

本和技術的流動更加容易，各國的經濟更加開放。

　　總之，知識經濟以它的高速變異、多向流動、高度開放的特性，使其更加不確定，並成為迄今為止風險性最強的經濟。

(二)知識經濟是利益最不確定的經濟

　　知識經濟之所以能引起經濟社會的極大關注並為之發展而努力，還在於知識經濟是人類有史以來利益最不確定的經濟。

　　第一，在知識經濟中可能獲得極大的風險收益。因為知識經濟具有溢出效應和擴散效應，它可以在幾乎不用額外投資的情況下重複使用，並可以從投資的報酬中得到一個正反饋效應，J‧M‧克拉克說：「知識是唯一不遵守收益遞減規律的生產工具」。知識經濟的產品成本與傳統經濟相比較低，知識經濟的贏利水準和遞增的速度則比傳統的經濟高出幾倍乃至幾十倍，而且，知識不同於以探索系統科學的傳統知識為目標的「科學」，也不同於向自然掠奪「利益」需要大量物質投入的傳統「技術」，而是一種科學與技術相融合，並依託高科技風險產業，又以知識的共享效應和極強的滲透力，帶動其他知識密集型產業，以此推動

整個知識經濟規模的迅猛擴張，最終使整個社會總體利益獲得持續的成長和發展。所以知識的溢出效應、擴散效應和知識規模報酬遞增規律，帶給經濟的利益效應是任何經濟要素無法比擬的，擁有更多知識的人就可能在不確定的利益活動中獲得更高的個人利益，擁有更多知識的企業就可能在不確定的市場競爭中獲勝，取得更大的企業利益，擁有更多知識和資訊的國家就可能在不確定的國際經濟活動裏，獲取高於其他國家的國家利益。

　　第二，在知識經濟中也可能蒙受極大的利益損失。知識經濟不僅能帶來巨大的正面效應，同時也存在很大的負面效應。因誤投某種新產品而破產倒閉、因路徑依賴產生鎖入效應而付出慘痛代價的例子比比皆是。調查研究的結果表明，世界上產生收益的技術創新比例不到 10%，一九九七年美國每一千個尋求風險資本貸款的專案只有一個得到貸款，而在每一萬個得到風險貸款的專案中，只有一個可以成功地占有 10%的市場，這就是知識經濟的巨大利益損失和巨大投入成本，只有接受了風險考驗的知識要素投入，才有可能符合收益遞增規律，才可能形成真實的風險收益，否則，所蒙受的利益損失也是傳統經濟無法想像

的。

(三)風險利益是知識經濟的基本動力和最終目的

　　在知識經濟中可能獲取的巨大風險利益，不僅能萌發人們從事不確定經濟活動的衝動，而且能將人們最大的潛能都激發出來。風險利益能使利益主體達到一種狀態，在這種狀態之下，他們能夠萌發出從事不確定利益活動的內在衝動和積極性。因為人類的一切經濟活動都要透過人的有目的的勞動來完成，人的勞動積極性高低直接決定著經濟活動和發展的動力強弱。人的勞動積極性主要取決於人的切身利益，當人們進行某種經濟活動時，所期望的是獲取相應的利益。如果人們在進行了某種經濟活動以後得不到相應的利益，或得到的利益太少，他們進行經濟活動的積極性就受到嚴重的抑制。如果人們在進行了某種活動之後，獲得的利益較大，那麼，他們從事經濟活動的動力就大。尤其當人們所要獲取的利益是不確定的利益，並且人們的努力程度與其利益的增進為正相關時，如果人們積極進取就有獲得極大的風險增益的可能，而絲毫的消極與懈怠都會遭受極大的風險損

失。知識經濟就是這樣的經濟，它以其巨大風險利益
誘惑或激勵著人們不遺餘力地銳意進取，開拓創新，
它又以極大的利益損失約束人們不敢有絲毫的懈怠與
疏忽。

二、知識經濟風險性的表現

毋庸置疑，勞動經濟、土地經濟和資本經濟都具
有風險性，但是與知識經濟相比，知識經濟的風險性
最廣泛、最普遍。

(一)知識經濟中的知識創新是一種風險創新活動

知識經濟與以往經濟的最大不同之處，在於知識
經濟的發展不直接取決於物質資源、資本、硬體技術
的數量，而是直接依賴於知識的不斷創新及其利用。
知識的實質在於知識創新，沒有知識創新及知識生
產，就沒有知識的積累、分配和使用，也就沒有知識
經濟的興起。

知識創新的目的是追求新發現、探索新的科學與

技術知識的活動，知識創新的目的是追求新發現、探索新規律、尋找新方法、積累新知識。由於知識創新是對未知世界的探索，所以它是風險性很強的活動。

首先，知識創新之所以是風險性創新，是因為人類無法將所有創新的結果確切地預測出來，這是由人類的有限理性和客觀環境的不確定性造成的。人類在對未知作探索時，事先並不能完全瞭解未來的結果是怎樣的，即使根據過去的經驗對創新作出一定的分析和判斷，其可靠性也是十分有限。

其次，知識創新具有個性化的特點。知識的創新往往是由個人完成的，不可能大批量地生產，也不能遵循某種行業標準，它不可避免地帶有創新主體的個人特色和精神力量，因而不確定因素多，可控程度低。

再次，知識創新的投入產出關係具有不確定性。一般的物質生產是投入越多，產出越多，而知識創新的投入產出與其他物質生產相比十分不確定，誰也不能保證投入多少研究開發人員和財力，就一定能產出多少創新知識、並帶來多少創新利益。

由於知識創新是一種對未知的探索，它的千回百轉是不可避免的，這不僅會使知識創新活動付出昂貴的成本，而且可能在事後被證明是不必要的投入；另

外，知識創新成功的概率並不是百分之百，也有可能
所有的投入都是無結果的投入，使創新主體為此蒙受
巨大的風險損失。

　　因此，知識創新的結果具有雙重的不確定性，即
可能會成功，也可能會失敗，體現在利益上，則可能
是極大的風險收益，也可能是極大的風險損失。因此，
從這個意義上說，知識創新是一種風險創新。

　　一般來說，知識創新過程至少受到三種風險因素
的影響：

1. 技術方面的風險因素。這是指創新主體在技術
   知識發展的方向、進展以及所能達到的最終結
   果面臨風險因素。因為在新知識或新技術誕生
   之初，難免有不完善之處，對於在現有的知識、
   技術條件下能否使其完善起來，向哪個方面發
   展，需要多長時間取得成功，創新者沒有確切
   的把握，因此，新知識或新技術的發展前景是
   不確定的，這時，如果作進一步研究可能需要
   較大的投入，創新者往往面臨相當大的利益損
   失的可能。

2. 市場方面的風險因素。在市場經濟條件下，知

識創新成果都必須接受市場的檢驗，從而看出創新成果是否符合市場需求。在新知識、新技術誕生初期，由於市場上缺乏有關創新成果的供需資訊，創新者或創新企業對其成果是否為市場接受心中無數，對於創新成果對現有市場和經濟的影響難以估量，因此，創新成果的市場前景是不確定的。對於創新者來說，很難準確地預測何種技術將來是有用的，何種技術將以可觀的價格被購買，如在電腦剛出現時，有人估計美國只有幾十台的需求量，當時誰也沒有預見到電腦產業會發展到今天這樣一個巨大的市場。

3. 制度環境方面的風險因素。知識創新活動都是在一定的制度空間中進行的，這裏的制度空間就是由政府政策構成的一種制度安排。當創新主體在一定的社會框架中從事創新活動時，不可避免地受到外部環境的影響和干擾，這種外部環境會直接或間接地參與到知識創新過程中，並且對知識創新的方向、進展及最終結果產生巨大影響。一定的制度環境是由政府政策和公眾偏好組成的，而政府行為和公眾的偏好

都有極大的不確定性，因為人們對於許多事物
的科學認識需要有一個過程，如許多以前認為
對人類生活有利或者至少無害的東西，現在都
發現對於人類生活有巨大的危害（冰箱工業中
用的冷媒氟里昂就是一個典型的例證）。這樣，
就使制度環境顯示出很大的不確定性，從而使
知識創新的方向和進程受到影響。

可見，知識創新是一種偏好風險利益的活動。

(二)知識經濟的支柱產業——知識產業是風險產業

知識產業是知識創新的物質承擔者，沒有知識的
產業化，知識創新就毫無意義，知識經濟發展就沒有
載體。只有利用知識創新開發和開創的科技知識產
業，才能帶來快速超空間的風險利益，其水平是傳統
的農業和製造業無法比擬的，是它們的幾倍甚至幾十
倍。

產業結構高級化的演進過程中，主導產業的性質
是與經濟發展階段相適應的。在以知識為基礎的經濟
時代，知識處於技術進步、組織創新和管理創新的核

心地位,知識在各產業的應用和滲透過程中,逐漸分化和獨立出以知識創造物質財富和服務的產業,即知識產業。知識產業是以知識創造物質財富和精神財富的產業,一般來說,它由科學研究、資訊技術產業、智慧性產業組成。知識經濟的形成和發展主要依託知識產業,而在知識產業中,高科技產業被認為是最重要的組成部分。按聯合國組織的分類,高科技產業主要包括資訊技術、生物科學技術、新能源與可再生能源科學技術、空間科學技術、海洋開發技術等。在高科技產業群中,各項技術是互相支持和關聯的,它們是一個整體。

　　知識產業是風險性較強的產業。首先,知識創新成果轉化為知識產業是一個相當複雜的過程。一般而言,第一階段是將創新成果商品化,人們常說的讓創新成果走出實驗室、進入市場就是這個含義;在商品化過程中,轉化的對象是創新成果,轉化的結果是現實商品;轉化的條件主要是資金條件和技術條件;轉化成敗的關鍵是能否克服技術上的難關,在轉化過程中,成果的發明者是創新轉化的主角。要讓知識創新成果轉化取得風險增益,則須進入第二階段即創新成果的產業化階段,這是一個追求轉化效益的階段。知

識創新成果的產業化通常包含四個層次：第一層次是
產品化，即經過中間試驗階段，開發研究成果成為可
投入的產品；第二層次是工廠化，即為市場而進行批
量生產；第三層次是系列化，即新產品達到預期的大
批量生產；第四層次是產業化，即形成生產新產品的
企業群甚至行業。

　　從經濟實踐上看，知識創新成果產業化的途徑有
兩條：一是以新技術、新產品為基礎建立新產業群，
形成新興產業，即高科技產業。二是利用創新知識新
技術改造老企業和傳統產業，提高行業的技術水準和
效益。但不管採取何種途徑，它都表現為以追逐風險
增益為目的、以市場需求為導向、以研發為依託的科
研、生產、營銷一體化的連續運行過程。

　　由於知識創新成果產業化的複雜性，使得它需要
有各種要素相互協作、綜合配套才能完成。一是企業
化運作。這是指創新成果的轉化主要在企業制度安排
下完成。制度安排「是管束特定行動模型和關係的一
套行為規定」，由於知識創造成果轉化過程涉及多種要
素的綜合配套，加上技術市場自身的不完善如資訊披
露不充分等問題，還由於創新轉化過程中巨大的不確
定性引起的風險損失，因此必須在企業制度下解決這

些問題。企業制度尤其是現代公司企業制度，使各出資人的財產形成一個不可分割的整體，依託公司企業制度，轉化過程中各參與者之間可以建立一個風險增益共享、風險損失共擔的權利義務結構，從而可以把一個原先透過市場交易聯結的知識創新成果轉化過程，內化為一個企業內部的運作過程，從而節約交易費用。

二是需要綜合配套。這是指完成知識創新成果的轉化需要各相關行為主體的協作，如科研院所、高校、企業、政府的協作；同時還需科研成果、資訊、勞動、資本、市場需求、制度環境的配套，任何創新成果轉化都取決於科研成果、市場需求和資本投入的組合。在市場經濟條件下，知識成果轉化是市場行為，主體是企業，但在轉化過程中，政府的支持和參與是不可缺少的，因為市場有內在的缺陷，創新成果轉化成功後必然產生利益溢出，因此政府有責任介入轉化過程，如提供資金支持、分擔轉化中的風險，並透過各種手段協調各種影響因素等。另外，知識創新成果的轉化需要投入大量資金，對於創新者來說，無論融資機制如何有效，它們都不可能單獨承擔成果轉入的全部投入，因為這樣做等於承擔了成果轉化的全部風

險，所以，知識創新轉化還需資本投入者如風險投資公司的介入，風險投資公司的參與，不僅給創新企業注入資金，而且能給予管理和服務支持，也分擔了創新成果轉化的可能風險損失。

　　可見，一個知識創新成果從實驗室成果到中間試驗、再到正式投入生產，形成批量，需要相當長的時間和大量的資本投入，並需要解決許多的技術難題，其中若有一個環節出現問題，這項科技專案就會中途夭折；其次，儘管一項高科技風險創造從實驗到生產的問題都解決了，但它必須面臨一個競爭激烈的市場，市場需求如何，產品的市場競爭力又如何，產品最終能否獲得預期的利益等等，這些都是不確定的，其中任何一處出現問題都有可能帶來巨大的利益損失，甚至使企業破產倒閉。知識成果的轉化過程依然存在巨大的不確定性，也就是說，對於創新成果轉化的成敗難以預料。所以，知識創新成果產業化的結果是不確定的，即事先很難斷定成果轉化最終將取得什麼樣的具體結果，這包括事先難以確定哪條技術路徑一定能達到預期的目標，哪條技術途徑是最佳途徑，也包括預先難以斷定哪種管理模式能夠確保創新成果轉化的勝利完成。在國際國內，由於管理上的原因，

使知識創新成果轉化過程中斷、延長、甚至失敗的例
子不勝枚舉。

　　當然，知識產業也具有高回報率，它一般都具有
較強的市場壟斷力，一旦知識創新的高科技產品為市
場所接納，其利益成長的空間將是「無限大」的，它
的獲利往往比傳統產業高得多。

(三)知識經濟的知識資本是一種風險資本

　　知識資本與一般的資本不同，其利用高科技知識
改造傳統的資本性質，將投資行為與科技知識產業化
行為有機結合在一起，將投資行為與高風險聯繫在一
起，並透過風險資本市場，使具有高超的知識和高科
技技能的創業者獲得必需的風險資本，投資者獲得風
險收益。

　　知識資本在增值運動過程中，存在著極強的不確
定性，既有可能由於成功的運動而獲得巨額風險收
益，也有可能由於運動的失敗而遭受巨額的利益損
失，所以知識資本具有極強的風險特徵。知識資本的
高風險特徵也體現在其運動過程之中，知識資本的整
個運作過程包括兩次驚險的跳躍。第一次跳躍是知識
資本的人力資本向結構性資本的轉化，第二次跳躍是

知識資本的結構性資本潛在的價值向現實的市場價值的轉化。在這兩次跳躍中，存在著極大的不確定性。

　　在第一次跳躍中，首先是將未編碼的知識轉變為編碼的知識，即將以隱性形式存在的人力資本顯性化為知識資產，成為企業的一筆巨大財富。其中有些重要的知識資產由於申請受到法律保護而成為知識產權資本，這些知識產權資本或者由企業自己開發而帶來巨額的風險收益，或者有償轉讓給其他經濟組織而獲得風險收益。其次，人力資本轉化為組織管理資本，組織管理資本極大地增強了各生產要素間的整合效應，降低了生產成本，提高了勞動生產力和要素使用效率，從而使企業獲得巨大的風險收益。最後，人力資本轉化為市場資本中的營銷策略和能力、服務能力以及顧客忠誠等，形成企業營銷管道差異化優勢和企業形象優勢，使企業擊敗競爭對手，擴大市場占有份額，而顧客的忠誠更是企業戰無不勝的寶貴財富。

　　與此同時，在第一次跳躍中也存在極大的風險損失的可能：首先是知識資本的時效性帶來的風險損失。知識經濟形成時期，各類知識都以驚人的速度創造、積累和傳播著，知識的創新活動日益頻繁複雜，導致了知識資本的加速折舊，知識資本雖無物質磨損

（有形磨損），但精神磨損（無形磨損）極大，從而使企業的知識資本時效性極強，使之很快貶值，遭受風險損失。

其次，道德風險帶來的風險損失，由於知識資本多以無形資產的形式存在，非常難於準確評估、測度和監督，尤其是人力資本在向結構性資本轉化的過程中，其效用的發揮程度受其載體——人的主觀偏好影響極大，當企業缺乏員工忠誠的時候，由於資訊的不對稱，就可能出現偷懶行為，或「私下做」將企業的利益轉為私人的收益，給企業造成嚴重的道德風險損失。

第三，人事風險帶來的風險損失。人是生產力要素中最主要、最活躍的要素，是知識資本的核心——人力資本的載體，知識人才是知識型企業最寶貴的財富。知識人才的數量和質量是決定企業興衰成敗的關鍵，如果由於人事制度不合理，高級人才容易流失、「跳槽」，就會給企業帶來致命的風險損失。

第四，知識產權風險帶來的風險損失。知識產權是對知識財產擁有合法權利的認定，知識產權風險在知識資本的價值實現過程中具有特別的意義，它分為兩種風險損失：一是侵權風險，是指非知識產權擁有

者以非法手段給知識產權擁有者帶來的風險損失，如各種盜版的音像、影視產品。二是洩密風險損失，它是洩漏技術秘密或商業秘密而造成的風險損失。

　　在第二次跳躍中，首先是企業市場競爭優勢帶來的巨額風險增益，企業由於使用特殊的知識資本資源和較高的經營技巧和方法，提供差異化的產品和服務，使其產品獲得極強的差異化市場競爭優勢而獲益。其次，由企業高成長而帶來的高回報率，知識資本開發出的高新技術，使企業的生產不再依賴於傳統的生產技術，出現邊際收益遞增的效果，使企業獲得技術領先優勢，一旦產品被市場接受，便會獲得巨額回報，帶來巨額風險增益，往往風險增益的成長空間是「無限大」的。最後，由擴散效應和溢出效應帶來的社會收益，知識資本的使用具有極強的示範擴散作用，比如說由於較高效率的組織管理資本和市場資本的使用，而引致其他企業的模仿，知識產權資本的專利保護過了有效期後，也會被其他企業所使用，這樣由於知識資本使用的溢出效應和擴散效應，使得某企業在使用知識資本獲得巨額風險增益的同時，也極大的促進了整個社會經濟效益的提高。

　　與此同時，在第二次跳躍中也潛藏著極大的風險

損失的可能：其一，是技術風險損失，就是技術在預期和實踐之間出現偏差而帶來的巨大風險損失。具體表現為：技術上成功的不確定性，技術前景的不確定性，技術壽命的不確定，配套技術的不確定性等。

其二，是融資風險帶來的風險損失。知識型企業有了值得投資運作的高新技術，接下來的問題就是籌集資金進行投資了，企業在融資過程中也會經常出現風險。主要表現在：知識型企業發展到一定規模後，對資金的需求迅速增加時，由於高科技產品壽命周期短，市場變化快，獲得資金支持的管道少，從而容易出現在某一階段不能及時獲得資金而失去時機，被潛在的競爭對手超過或經營失敗而遭受風險損失。

其三，管理風險帶來的風險損失。管理風險是知識型企業在知識資本運作過程中因管理不善而引起的經營失敗帶來的風險損失，主要表現在意識風險、決策風險、生產風險、組織風險。

其四，市場風險帶來的風險損失。市場風險是指新產品、新技術的可行性與市場不匹配而引起的風險，是導致新產品、新技術商品化和產業化過程中斷甚至失敗的核心風險之一。主要表現為難以確定市場的接受能力、難以確定市場接受時間、難以測定新產

品的擴散速度和競爭能力等。

其五，外部風險帶來的風險損失。相對於知識資本運作而言的各種社會的、政治的環境所引起的風險，稱為外部風險，如來自政府的一些法令可能限制相當部分的技術的發展，或當一種新技術商品化或產業化時，必須打破舊的生產定額，改變舊的生產體制，甚至會解雇一部分勞動力，這些會引起阻力，可能帶來風險損失。

風險投資基金是一種主動承擔高風險，在高風險中追求高回報的風險資本，其投資目標主要是那些以營運知識資本為主的新生中小知識型風險企業。風險投資基金產生於五○年代的美國，八○年代以後在歐美得到了迅猛的發展。世界各國風險投資基金發展的歷史經驗表明，風險基金是一種高風險高收益的投資形式。

(四)知識經濟中的知識人才是風險性人才

知識人才是第一生產力的開拓者，是知識資本尤其是人力資本的載體，是知識的生產、分配、傳播與應用的主體或帶頭人。科學技術的發展、創新、運用和知識資本的經營管理水準的高低，主要是由知識人

才的數量與質量所決定的。也就是說,知識人才是發展生產力的關鍵,他們是第一生產力的載體,又是第一生產力的開拓者。

在資本經濟時代,資金、技術、人力資本和技術創新被視為經濟發展的重要支柱,隨著產業的不斷進化,如今的經濟發展已經越來越依賴於人類潛在智慧的開發和運用,越來越依賴於人才資源功能的發揮了。

知識經濟作為風險性最強的經濟,其人才又是風險型人才。在知識經濟中扮演重要角色的知識人才的風險性特徵主要在於,他們對知識和科學技術的態度,直接影響企業依靠科技進步的自覺性和積極性;他們的知識水準和領導管理才能直接影響決策的方向,影響擴大專業技術人才的科技勞動效能的發揮;他們的經營管理意識直接關係到企業獲得利益的能力和獲得生存空間的力度。這些恰是一個企業能否存在和發展的根本保證。

所以,在知識經濟時代,知識人才不僅需要具備更多的知識,而且需要具備較強的風險意識和獲取風險利益的能力。即:能正確對待風險,增強自己的風險意識,善於抓住和處理可能的風險利益極大增進的機會;高度重視風險,在風險投資領域,風險具有普

遍性，風險人才所面臨的不是要不要接受風險的問題，而是如何對待風險的問題，風險具有變化性，隨著事物的發展過程，風險可能發生轉換和變化，在一定的條件下，風險收益和風險損失會發生轉換，擴大了風險利益活動的可能範圍，風險人才應對其高度重視；正確對待風險，風險人才一般是風險偏好者，對風險損失的反應比較遲鈍，而對風險利益比較敏感，往往嚮往風險，敢於冒險，會選擇風險較大收益也較大的方案，但同時又結合自身素質的高低，克服脫離實際、盲目冒險的主觀傾向，對風險的態度不是模式化、程式化、凝固化，而是根據實際情況，正確對待風險，揚長避短，避免可能發生的偏差；善於抓住機會，風險與機會總是聯繫在一起，風險性人才是主動而不是被動地接受風險，加強風險管理，對可能發生的各種不確定因素進行預測、控制和處理，規避不必要的風險損失，促使各種不確定因素向有利的方向轉化，在同樣風險的條件下，爭取更多的風險收益，或在相同的風險利益條件下，去冒較小的風險。

第三章
知識經濟的主要投入因素：知識資本

　　現在整個經濟形態表現為資本經濟正走向衰落，知識經濟正在崛起，處於資本經濟和知識經濟交替過渡階段，受「支配慣性」的作用，知識要素仍不能以一個獨立的生產要素發揮作用，仍要受資本的支配，知識只有轉化為知識資本，才能得到合理配置和有效利用。

一、知識資本的概念

　　知識資本不同於一般的資本，其表現與構成都具有獨特的特徵。

(一)知識轉化為知識資本

馬克思歷史唯物主義認為：人類社會的演進最終是由生產力的變化發展決定的。所謂生產力，就是指生產過程中人與自然的關係，它表示某一社會的人們控制與征服自然的能力，即在一定的技術水準下人類進行生產活動的能力，是所有要素有機結合的總和。可用下面的函數來表示：

$$Y = F\left(A_1X_1, A_2X_2 \cdots\cdots A_nX_n\right)$$

其中，Y 表示總生產能力（生產力水準），F 表示生產技術函數，A 表示要素使用效果，X 表示生產要素。從上式可以看出，生產力水準取決於三個因素：各生產要素的擁有數量和質量，要素使用效果和生產技術。上述因素不是一成不變的，而是處於不斷的發展變化之中，這決定了生產力的不斷發展變化和提高，也是社會發展進步的基礎。

在某一時點上，決定生產力水準的各生產要素中，必存在一個特殊的生產要素（設為 X_1），它在這一時期對生產力起著特別重要的決定作用，我們稱之為第一生產要素。首先，該生產要素的增加對生產力

水準提高的貢獻遠遠大於其他生產要素；其次，該生產要素的邊際替代率遠遠高於其他生產要素；再次，該生產要素會影響其他生產要素的使用效果和質量，要素的配置以該生產要素為中心；最後，也最為重要的是，由於該生產要素的使用改變了生產技術函數，極大的提高了各要素間的有機結合程度。

　　形態的發展又可劃分為三個階段：初始階段，發展成熟階段和衰落階段。初始階段，第一生產要素供給增加，整個社會增加生產和財富的主要手段是透過追求生產要素的增加來實現的，即 $\Delta Y = \dfrac{\partial Y}{\partial X_1} \Delta X_1$ ，這一階段屬於過渡期，該要素雖然初步從其他生產要素中獨立出來，但仍要轉化為前一期的第一生產要素，才能發揮效用和得到有效配置，並受其支配，體現出第一生產要素的「支配慣性」；發展成熟階段，該期第一生產要素的利用效果提高，在這一階段內，社會增加財富和生產的主要手段，由追求第一生產要素的增加逐步轉向追求第一生產要素利用效果的提高，即 $\Delta Y = \dfrac{\partial Y}{\partial A_1} \Delta A_1$ ，這一階段屬於穩定階段，第一生產要素已完全獨立出來，處於主導和支配地位；衰落階

段，第一生產要素利用效果的提高總是有一定限度的，生產力發展到一定程度，為實現增加社會生產和財富的目標，就必須尋找新的要素成長點，這時第二生產要素（設為 X_2）的成長貢獻份額逐漸靠攏並超過第一生產要素的貢獻份額，即 $\dfrac{\partial Y}{\partial X_2} > \dfrac{\partial Y}{\partial X_1}$。這標誌著這一生產力階段和經濟形態逐步走向衰落，新的經濟形態和生產力階段即將出現，處於過渡期。但在該階段，第一生產要素仍支配著第二生產要素，即第二生產要素必須轉化為第一生產要素才能發揮效用，也體現出第一生產要素的「支配慣性」，其仍然是支撐經濟的主體力量。

原始社會中，由於生產活動簡單，抗拒自然的能力非常差，生產要素除了簡陋的石器和木器外，就是部落內部作為一個整體而形成的集體勞動力，這時用來指導人類經濟活動的知識只是一些粗淺的經驗知識，如早在舊石器時代，原始人借助月光捕獵，開始注意到月亮的圓缺變化，這時知識還不可能作為一個獨立的要素出現。集體勞動力這一生產要素是決定原始生產能力形成的第一生產要素，這也是決定原始社會公有形態的根本原因。

　　奴隸社會中，奴隸作為奴隸主勞動的延伸和主要勞動資料，奴隸的勞動力在整個農業和簡單手工生產中處於核心地位，充當第一生產要素。他們仍然只靠零碎的經驗知識、工藝技術來指導生產，並且與直接勞動融為一體，生產中嚴格意義的知識要素仍未開始形成，只是處於萌芽狀態。

　　封建社會中，雖仍然以農業經濟為主，但土地取代勞動力成為稀缺且不可替代的生產要素，其擁有量和使用效果決定了生產力發展的水準，這一時期是以土地作為第一生產要素的土地經濟。這時，農民為了獲得好的收成，必須掌握農時季節，去認識自然，適應自然，抗拒自然災害，這樣，哲學、自然科學和社會科學便形成一個簡單的知識系統，得到了初步發展，但這些範圍有限的知識對生產力的貢獻還是不明顯的。

　　資本社會中，資本這一生產要素，既是國民經濟產出的主要投入要素，又是經濟成長的主要來源，同時，勞動力、土地等生產要素的配置都要服從資本的支配，資本總是處於相對短缺狀態，通常可以替代勞動力和土地等生產要素，資本成為資本經濟中的第一生產要素，整個經濟以機器大工業為主。這時，人類

對知識的運用已帶有很強的科學色彩，科學知識透過
技術發明而被運用到生產中，這是科學技術轉化為生
產力的最初體現，科學知識的發展為技術革命和產業
革命鋪平了道路，奠定了基礎，同時也指明了方向，
促進了生產力的飛躍發展，科學知識推動經濟發展的
作用日益突出。這時的知識要素雖得到了極大的發
展，但只能初步獨立出來，主要透過滲透到其他生產
要素中才能發揮作用，充當第二生產要素。

　　資本經濟進入二十世紀六〇年代以後，電腦技術
的發展促進人類社會開始進入資訊社會，經濟活動越
來越以第三產業為主，服務業尤其是資訊服務業在國
民經濟結構中已擴大到第一位，知識產業已嶄露頭
角。經濟發展中，科技知識資訊和智力勞動的投入已
占主導地位，物質資本已退居其次，知識要素作為第
一生產要素（即知識經濟）的某些特徵已經開始出現。

　　目前，整個經濟形態表現為資本經濟正走向衰
落，知識經濟正在崛起，處於資本經濟向知識經濟交
替過渡階段，即資本作為資本經濟的第一生產要素地
位正處於衰落階段，知識作為知識經濟的第一生產要
素正處初始階段，表現出過渡期的特徵。這時，資本
的增加雖不再是經濟成長的主要來源，要素報酬率不

斷降低，但仍是支撐經濟的主體力量，處於支配地位，其對經濟的貢獻並不會絕對的減少，資源的配置還要以資本為中心。知識要素的成長貢獻率已超過資本，尤其是在新興部門中，知識要素已起主導作用，要素報酬率遞增，形成對資本要素的替代，但並沒有達到穩定階段，即 $\dfrac{\partial Y}{\partial A_2}\Delta A_2 > \dfrac{\partial Y}{\partial A_1}\Delta A_1$（$A_1$ 表示資本貢獻效果，A_2 表示知識要素貢獻效果），仍處於過渡階段，即 $\dfrac{\partial Y}{\partial X_2}\Delta X_2 > \dfrac{\partial Y}{\partial X_1}\Delta X_1$（$X_1$ 表示資本要素，X_2 表示知識要素），所以，知識要素雖基本上從其他要素中獨立出來，並逐漸取代資本而成為第一生產要素，但受第一生產要素「支配慣性」的作用，它仍不能以一個獨立的生產要素發揮作用，仍要受資本的支配，知識只有轉化為知識資本，才能得到合理配置和有效利用。為了方便，我們以後便把這個過渡階段稱為知識經濟形成時期。

(二)知識資本的概念及其構成

西方知識資本理論對知識資本概念的認識經歷了一個不斷演進、逐步明晰的過程，在這一問題上，

西方學者看法不盡統一。

　　加爾布雷思第一個提出了知識資本概念。他認為，知識資本是一種知識性的活動，是一種動態的資本，而不是固定的資本形式。《財富》雜誌的編輯斯圖爾特以其敏銳的歷史洞見，推動著知識資本理論思潮。他在其經典性的論文〈知識資本：如何成為美國最有價值的資產〉（1991）中，進一步揭示了知識資本的內涵，指出知識資本已經成為美國最重要的資產，知識資本是企業、組織和一個國家最有價值的資產。對於斯圖爾特來說，員工的技能和知識、顧客的忠誠以及公司的組織文化、制度和運作中所包含的集體知識，都體現著知識資本（1997）。埃德文森和沙利文（1996）則認為，知識資本是企業真正的市場價值與帳面價值之間的差別，實質是企業物質資本和非物質資本的合成，而這恰恰是微軟這種知識型企業在股票市場上被持續看好的原因。而斯維比（1996）則認為，知識資本是一種以相對無限的知識為基礎的無形資產，是企業的核心競爭能力，不包括企業的有形資產部分。雖然看法各異，但知識資本概念都對傳統資本概念進行了擴充，可將企業的基本經濟活動整合在企業的知識資本運動之中。知識資本概念的提出將企業

的信譽、商標、員工知識和忠誠、顧客滿意、經營關係等被傳統管理理論所忽視，但卻日益成為企業重要資源和企業核心能力的組成因素整合在一起，並與企業的組織結構、生產能力、技術創新能力、市場開拓能力以及企業財務狀況緊密聯繫在一起，共同構成企業的核心能力和經營資產。知識資本這一概念揭示了企業和其他組織真正有價值的東西——一種以員工的知識和技能為基礎的資產，從而為企業的經營指出了正確的方向。

知識資本概念還應具有作為資本的一般內容，馬克思主義經濟學認為，資本是能帶來剩餘價值的價值，具有價值創造功能和價值增值功能，即對自身的複製與擴張，而資本的複製與擴張又是在資本的不斷運動中實現的，資本在不斷的運動中不斷積累，以增強自身的擴張能力。所以，增值性、流動性、積累性也是知識資本的基本內容。

幾乎所有的知識資本研究者均對知識資本的構成要素及其相關關係（即結構）作了研究，不同的學者因側重點不同，對知識資本構成的認識也不同，但基本上都將人力資本和結構性資本整合在知識資本之中。

　　斯圖爾特（1997）提出知識資本的 H-S-C 結構，指出知識資本的價值體現在人力資本（human capital）、結構性資本（structural capital）和顧客資本（customer capital）三者之中。人力資本是指企業員工所具有的各種技能和知識，他們是企業知識資本的重要基礎。這種知識資本是以潛在的方式存在，往往容易被忽視。結構性資本是企業組織結構、制度規範、組織文化等。而顧客資本則指市場行銷管道、顧客忠誠、企業信譽等經營性資產。人力資本、結構性資本、顧客資本三者相互作用，共同推動企業知識資本的增值與實現。

　　埃德文森和沙利文（1996）將企業的知識資本分為人力資源（human resource）和結構性資本（structural capital）兩部分，其中人力資源是指企業中所有與人的因素有關的方面，包括企業的所有者、雇員、合夥人、供應商以及所有將自己的能力、訣竅和技能帶到企業的個人。他們所具有的知識和技能是以潛在的、未編碼的形式存在的，因此知識資本中的人力資本部分是依附於個人的，個人擁有對這種未編碼知識的所有權。結構性資本是指不依賴於企業的人力資源而存在的組織及其他所有能力，它包括有形的和無形的因

素。在結構性資本中，知識資產是其中的重要組成部
分，知識資產是編碼的、有形的，或者是具有物質表
現形式的專門知識，是企業商業創新的重要源泉。在
知識資產向市場價值轉化的過程中，企業的經營性資
產會起重要作用。這種經營性資產包括分銷網路、供
應網路、服務力量和組織的外部能力。經營性資產是
知識資產獲得市場價值、實現價值和價值增殖的重要
途徑，如果沒有合適的經營性資產，知識的價值難以
實現與發揮。知識資本的構成可表示如下：

　知識資本＝人力資源（未編碼知識）＋結構性資本
　　　　　　　（已編碼的知識資產和經營性資產）

　　而斯維比（1996）則將知識資本分為：雇員能力
（employee capability）、內部結構（inter structure）和
外部結構（extra structure）三部分。內部結構為雇員
知識技能在組織內的傳遞提供支持，而外部結構則保
證企業知識資本的最大化。它將人力資本僅局限於本
企業的員工能力，而未擴及到顧客、供應商等方面，
同時它將結構性資本明確區分為內部結構資本和外部
結構資本，從而更為明晰、簡潔，具有較強的可操作
性。

　　申明（1998）將企業的知識資本分為四個部分：
市場資產、知識產權資產、人力資產和組織管理資產。
市場資產是企業知識資本的第一要素，是指企業透過
其所擁有的與市場相關聯的無形資產而可能獲得潛在
利益的總和。知識產權資產包括生產技術原理、商業
秘密、版權、專利權以及一些設計的專有權和服務標
示。人力資產是指企業的員工所有的技術專長、能力、
團隊精神和特定環境下的心理素質。組織管理資產是
指企業所採用的技術、工藝、生產流程及管理方法等，
使企業組織本身運轉自如的因素。

　　我們借鑑國內外的研究成果，按照知識資本的結
構和功能特點把知識資本構成劃分為兩大類型，四個
層次。

　　兩大類型是指知識資本由人力資本和結構性資
本兩大類構成，其中人力資本是指未編碼的知識，結
構性資本包括已編碼的知識產權資本、組織管理資本
和市場資本，用公式表示就是：

　　知識資本＝人力資本（未編碼的知識）+結構性
　　　　　　　資本（已編碼的知識產權資本、組織
　　　　　　　管理資本和市場資本）

　　四個層次是指根據知識資本的各個組成部分的功能不同，把知識資本劃分為核心層、基礎層、中間層和周邊層四個層次。人力資本處於核心層，知識產權資本處於基礎層，組織管理資本處於中間層，市場資本處於周邊層。

1. 核心層的人力資本。人力資本是指企業、經濟組織中所有員工擁有的各種技能、知識、資訊、創新能力和思維意識的總和，是未編碼的知識，它是知識資本的核心和源泉，是知識資本尋求價值實現和增值的前提和出發點。

2. 基礎層的知識產權資本。知識產權資本是指擁有編碼後的知識而形成的一種權力資本，即知識成果的所有者對創造性的知識活動成果依法享有權利而形成的資本，它是未編碼的人力資本價值實現和增值的一個基礎性環節和實現載體，從未編碼的人力資本到編碼的知識產權資本，是知識資本價值實現和增值的第一次質的飛躍。知識產權資本一般包括著作權資本（著作人身權、財產權和鄰接權）和工業產權資本（專利權、商標權和使用權）。

3.中間層的組織管理資本。組織管理資本是所有的
計畫、組織、協調、指揮、控制功能及實現預定
目標所能帶來的價值。組織管理資本對知識的創
造、傳遞、利用和保護，是企業獲得並保持競爭
力的戰略資本，促進人力資本向結構性資本的轉
化，向真實市場價值的轉化，實現潛在的市場價
值，保持創造性活動和組織紀律約束間的平衡，
將個人自由、合作與協作以及共同的價值觀，植
於企業的日常管理、組織結構和對企業行為及經
營業績的評估中去，從而適應知識創新要求的流
動性與開放性的制度化。

4.周邊層的市場資本。市場資本是透過市場機制作
用而形成的無形資產，透過市場行銷能力、行銷
網路、銷售工具與技術、服務力量和顧客忠誠、
市場的開拓與創新等表現出來。人力資本優勢的
實現需要有結構性資本的支持與匹配，特別是市
場資本的支持與匹配，如果沒有必要的行銷網路
和相應的顧客忠誠等市場資本，那麼即便是有價
值思想也難以走向市場，實現其價值。我們可以
用一個簡單的圖示來表示知識資本的構成狀況
（見圖 3-1）。

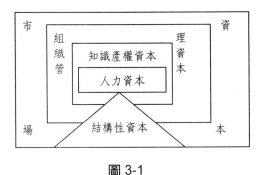

圖 3-1

二、知識資本市場

知識資本市場的形成是在知識轉化為資本的基礎上，透過各經濟主體的參與和介入而逐漸形成的，是一種特殊的生產要素市場，是社會生產力發展與市場演化的必然結果，是市場供給與市場需求相互演化、相互作用的產物。

(一)知識資本市場的形成

所謂知識資本市場是指對知識資本這種特殊商品進行市場交易、市場循環的各種介入主體、關係、

交易對象的總和。知識資本市場是一個獨特的市場，
有著獨特的構成方式、組織體系及特點。

　　知識資本市場的形成是在知識轉化為資本的基
礎上，透過各經濟主體的參與和介入而逐漸形成的。
知識資本作為一種特殊的商品，具有自身的價值和使
用價值，而最為重要的是它能在一定的社會經濟循環
運動中實現自身複製與價值增值。知識資本作為一種
特殊的生產要素，決定了知識資本市場也是一種特殊
的生產要素市場。知識資本市場的形成是社會生產力
發展與市場演化的必然結果，是市場供給與市場需求
相互演化、相互作用的產物。

　　知識資本市場的形成，首先是由於對知識資本的
市場需求的形成和發展而引起的。在勞動經濟、土地
經濟與資本經濟社會，也存在對知識資本商品的需
求，但與勞動、土地、工業實物資本相比，規模和數
量要小得多，處於分散的零星狀態。市場需求規模少，
層級低，主要表現在對一些簡單的操作技能、實踐經
驗的總結和利用上，知識資本市場還處於萌芽狀態。
只是到了資本經濟社會發展後期的機器大工業時代，
隨著知識在生產中的作用不斷加強和知識轉化為資
本，對知識資本，特別是知識產權資本與高素質的人

力資本市場需求進一步擴大，知識資本的市場需求有
了一定的規模和發展。但獨立的、大規模的知識資本
的市場需求還沒有最終形成，處於知識資本規模化市
場需求的形成階段。

　　在知識經濟形成時期，隨著科技的進步、市場的
進一步發展和生產力水準的提高，人們已不再滿足於
基本的生存需要，而轉向更高級、更全面的發展和享
受的需要，人們對高知識和技術含量的產品的需求越
來越強烈。正是因為人們對高科技、資訊化、網路化
知識資本商品的強烈需求，刺激著整個知識資本市場
需求向大規模、大容量方向發展。隨著知識資本商品
勞動生產率的提高，單位知識資本商品的價值量和生
產價格必然下降，與人們的可支付購買力之間的差距
不斷縮小，加上知識資本商品對其他商品具有很強的
替代功能，刺激了知識資本有效需求的增加。且隨著
人類文明的提高和科技生產力的提高，人們對未來的
預期相對穩定，增大了知識資本商品的穩定支出。如
隨著規模辦學、社會辦學、電視大學、虛擬大學和網
路學校的興起，人力資本這種特殊的知識資本商品的
勞動生產率不斷提高，單位成本下降，導致了有效需
求的增加。對企業的長期發展來說，擁有知識資本的

成長是提高競爭力的唯一途徑，知識戰略和知識策略的選擇恰當與否，成為企業能否長期生存與發展的最關鍵因素，物質資本和一般勞動的投入，價格、廣告等策略的採用，只能在短期內提高自己的競爭力，而知識資本具有更強的價值增值能力，所投入的成本更低，更能取得良好的經濟效益，透過擁有知識資本的成長，提高產品的質量和知識含量，提供差異化的產品和服務，從而保持和增強了自己的競爭優勢，獲得巨大的風險增益。知識經濟時代的悄然來臨，知識資本需求不斷完善和發展，人類對知識資本的需求量已經超過了大多數非知識實物資本，知識資本的需求成為較為完善的、獨立的、起主導作用的市場需求。

知識資本市場的形成和發展，除了穩定和成長較快的市場需求的形成和發展外，還必須有知識資本市場供給的形成和發展，只有如此，知識資本市場作為一個整體才能穩定和協調發展。

知識資本的供給，在傳統的勞動經濟、土地經濟和資本經濟中都存在著，只是供給的規模較小，水準較低，在整個商品市場的供給中所占的比例較小。知識經濟形成時期，知識資本商品的供給規模和供給水準有了進一步的提高。在勞動經濟和土地經濟時代，

知識要素還沒有成為一種獨立的生產要素，如農業耕作技術是與農業生產工具和農業勞動者相結合在一起而發揮作用的。知識資本商品的供給規模小，能力弱，還不可能形成大規模、高水準的知識資本供給體系。在現代工業社會（資本經濟），社會生產活動的資本形成主要以有形的機器設備、廠房、原材料等實物資本為主。受生產力發展水準和科技開發能力的限制，知識資本商品的供給規模與水準雖有了很大的進步，但仍然不占主導地位。知識資本必須依附於其他工業資本，才能在經濟循環中實現增值和價值創造。隨著新科技革命的來臨，知識要素才逐漸從其他生產要素中初步分離出來，並受資本的支配，知識要素轉化為知識資本。這時，知識資本商品的供給規模與水準已經達到較高的程度，但與實物資本相比，還處於次要地位，獨立的、成規模的知識資本要素供給市場處於發展時期。

在知識經濟形成時期，隨著知識要素取代物質要素成為主要的生產要素，知識要素向資本轉化的完成，知識資本供給市場無論在規模上、還是在水準上，都達到了前所未有的程度。此時，知識資本產品的供給市場已經超過其他商品、要素市場，成為最重要的

供給市場。這樣，獨立的、大規模的知識資本供給市場便逐漸形成和發展起來。在知識經濟社會，追求風險利益極大化和最佳的投入產出比，仍然是絕大多數知識資本商品供應者的主要目標，利潤和效益仍然是企業生存和發展的基本條件。因此，從整個社會經濟系統的角度看，那些具有較大市場競爭力的知識資本商品的供給，在市場上有逐漸增大的趨勢。人類社會總是不斷向前發展的，科學技術進步從長期看，一直是上升的，在既定的資源狀況下，人類科技進步將促進知識資本供給量增加，知識資本供給者預期市場前景看好，也會增加供給。知識資本生產的投入要素價格也是影響市場供給的重要因素，隨著生產知識資本的投入要素價格下降，知識資本的供給量也會提高。在知識經濟社會，科技開發能力與知識資本積累能力是國家綜合國力和競爭力的重要指標，創立國家知識創新體系，推動科技進步和經濟體系的進一步知識化，實現風險利益的極大增進，仍然是政府行為的首選目標之一，從而促進了知識資本供給量的增加。

隨著知識資本需求市場與供給市場的形成和發展，社會生產活動中的知識資本供給與知識資本需求，無論從規模，還是質量上，都得到了巨大的提高。

知識資本的市場交易額在整個市場交易總額中居於重要地位，超過了非知識資本的市場交易額。這樣，規模大、水準高、層次多樣的知識資本市場就已經形成了。知識資本市場的形成和發展，既是資本分化、資本運動的結果，科技進步與市場發展的產物，又是知識經濟基本形成的重要標誌。

(二)知識資本市場的構成

　　知識資本市場的形成和發展，是人類科技進步和生產力發展水準的重要標誌之一，也是傳統市場的深化和發展。知識資本市場由傳統商品市場與資本市場的深化和發展而來，除具有傳統市場構成的基本特徵以外，還有自己的特點。所謂知識資本市場構成是指知識資本的各組成部分之間的關係、比例、相互作用的總和。知識資本市場構成不是一成不變的，而是隨著技術進步和社會發展不斷地調整。

　　知識資本市場主要由知識資本供給者、知識資本需求者、知識資本運作者、知識資本交易仲介組織、知識資本市場管理機構等構成。知識資本市場包括人力資本市場、知識產權資本市場、組織管理資本市場、市場資本市場幾個部分，且各個部分始終處於運動變

化狀態之中。

■人力資本市場

　　人力資本市場是指擁有高素質人力資本的知識
創新人才、技術開發人才、經濟管理人才及其他具有
知識、技能、經營管理水準的人員的轉讓、買賣、交
易、合作的場所及關係的總和。由於資訊技術、網路
技術、資料分析與處理技術的發展，出現了產業結構
軟化，社會生產和再生產過程中體力勞動和物質資本
投入相對減少，腦力勞動和科學技術的投入相對增
多。與此相適應，社會中從事腦力勞動與科學技術工
作的人員增多，在各種生產部門中，由於生產自動化
水準的不斷提高，導致從事產品研究開發設計、加工
製造到質量檢驗的整個生產過程的日益增多，由此形
成專門的人力資本市場。

■知識產權資本市場

　　知識產權資本市場是指進行專利、專有技術、商
標、版權等知識產權交易的場所與關係的總和。隨著
知識產權法律保護體系的完善和健全，知識產權的申
請數量和批准數量的成長很快，逐漸成為企業、個人
和經濟組織獲得新產品、新技術，獲取風險利益的重

要來源。而人類的許多發明創造也主要透過知識產權
的形式獲得保護和向外轉讓。正是知識產權資本市場
推動了知識創新的發展，而知識創新又推動了社會生
產和知識經濟的高速發展。市場容量的大小對科技發
展關係十分重大，美國長期以來在國內、國際知識產
權資本市場上一直占據支配地位，將服務貿易和知識
產權列為優先工程，其製造知識的速度以及利用新知
識的能力，將決定二十一世紀美國在國際市場中的地
位。

■組織管理資本市場

　　經營管理水準、組織制度、組織能力、管理技術、
方法、工具、手段和策略等與管理有關的各種要素構
成管理資本，對管理資本的交易、轉讓、創造等手段
和關係的總和，形成了組織管理資本市場，對整個知
識資本市場和風險利益的實現起著重要協調、補充和
輔助作用。

■市場資本市場

　　對市場資本進行交易的行為、方法、程序、場所
的總和便是市場資本市場。市場本身就是一種重要的
資源，誰擁有了市場，誰就控制了重要的無形資產，

誰就控制了獲取潛在風險利益的權力。在市場資本市場上轉讓、交易的主要對象是市場控制權。其中顧客對知識型企業、組織或個人的認同、信任和忠誠，企業組織或個人信譽在顧客心目中的地位高低，都是一種重要的知識資本，對這種資本進行交易是市場資本市場的重要輔助市場。

另外，還可以把知識資本市場劃分為知識資本供給者、知識資本家、知識資本運作家、知識資本需求者、市場仲介組織和市場輔助組織等各個組成部分。

(三)知識資本市場的缺陷

在知識資本市場中，市場自組織功能並不是萬能的，在某些方面的缺憾和失效是不可避免和無法迴避的。

1.知識資本市場的資訊不對稱或不足的缺陷，使知識資本市場的激勵功能在一定的程度上失效。在現實的市場制度中，市場體制殘缺，導致資訊的不完全和相應發生的資訊成本會影響風險利益的激勵功能的發揮。個別利益主體存在收集資訊和鑑別資訊的能力差異，有些人可

能具有資訊優勢，有些人則可能處於資訊劣
勢，經濟利益主體在利益最大化動機的驅動
下，總是企圖設置資訊障礙，分割市場，保持
壟斷利益，從而加劇了資訊的不對稱，資訊的
不對稱導致機會主義行為和道德風險損失。

2.知識資本市場的盲目性和浪費性，使知識資本
市場的約束功能以極大的代價發生作用。在市
場制度下，各經濟利益主體並不完全瞭解社會
的利益需求，而是根據自己的主觀預期進行盲
目的知識資本的投資、生產和運作，但是，利
益的最終實現歸根結底是由社會需求所制約
的，個別經濟利益主體的知識資本的投資、生
產和運作的盲目性，必然引起整個社會的風險
利益活動的無政府狀態，最終導致宏觀經濟波
動乃至經濟危機，從而以更大的代價來約束和
調整人們的利益活動。

3.知識資本市場的壟斷性妨礙著知識資本市場資
源的有效配置。知識資本市場完全有效需要具
備的條件是所有利益主體的行為都是競爭性
的，這意味著經濟利益主體的知識資本供給和
需求，在市場供求總量中所占的份額都是足夠

小,每個經濟利益主體的行為都不會對其他經濟利益主體發生影響,以致影響整個市場。在現實的經濟社會中,優勝劣敗是市場競爭的必然結果,市場競爭必然導致市場的集中和壟斷的趨勢,當個別經濟利益主體獲得支配市場、控制市場的能力之後,形成既得利益集團,往往將行為重點轉向維持現有的經濟利益,表現為嚴守新技術的秘密,致使知識資本市場無效率,以至整個社會福利的損失。

4.知識資本市場的外部效應也使知識資本市場失效。具有外部不經濟的活動將會把部分個人風險損失強加給其他經濟利益主體,而從事外部經濟的經濟利益主體將無法從自己的知識資本投資、生產和運作中收回全部成本,從而不可能合理有效配置利益產品,阻礙知識資本的優化配置。

三、知識資本運作

知識資本是企業無形資產的總和,是二十一世紀

企業的核心資本，正確評估知識資本是企業活動是必
不可少的，是認識企業整體狀況的豐富資訊源泉。在
對知識資本評估之後，企業獲得了自身內部的實力、
特長、優勢和不足的充分資訊，便開始捕捉外部環境
所提供的機會和條件，把知識資本投入運作，主要包
括知識資本的運作和管理，知識資本正是在這一系列
經濟活動中不斷運動，在運動中實現增值與擴張。

(一)知識資本的評估

　　知識資本是企業無形資產的總和，是二十一世紀
企業的核心資本，正確瞭解知識資本對於正確評價一
個企業的活動是必不可少的，瞭解一個企業的知識資
本是認識企業整體狀況的豐富資訊源泉。知識資本評
估有助於有效地配置企業的各項資產，全面地利用企
業的各種現實的和潛在的能力以實現企業目標；正確
地計畫企業的科技研究與開發活動；為企業更新人員
提供必要的背景資訊；指出企業的員工在知識和技能
上的不足之處，使企業能夠在員工教育和培訓等人力
資本投資方案中做到對症下藥；正確的衡量出企業的
無形資產的價值，以便企業能夠透過定期的總資產的
對比，精確的衡量出企業的業績；為企業提供有關各

方面無形資產狀況的綜合資訊，發現企業的閃光點，從而有利於企業宣傳，擴大自己的聲譽，增加自己的市場資本。

　　要評估一個企業的知識資本，最重要的是要瞭解這個企業知識資本的整體概況，需要對知識資本進行整體評估，需要考核一個企業的所有無形資產，要將該企業所有無形資產的存在形式、現實狀態，甚至它們的價值詳細記錄在案，需要對知識資本的四個組成部分：市場資本、人力資本、知識產權資本、組織管理資本都進行全面考察。對於有形資產的評估相對而言比較容易，因為一切都是有形的，都是「實」的，而無形資產一切都是「虛」的，人們對其有不同的看法，百家爭鳴，莫衷一是。審核企業的知識資本雖然很困難，但它畢竟是一門科學，有其規律可循，知識資本雖然無形，卻是實實在在存在著，完全可以透過科學的分析和計量，準確地評估出企業的知識資本的價值。對企業知識資本的評估是一個循序漸進的過程，一般要經過以下粗略的步驟：確定企業的業務、企業的目標、企業的業務範圍；根據以上的參照點，決定企業的最佳資產配置形式；定出企業的各項資產在最佳配置狀態下的最高價值；根據情況選出一種適

合該企業知識資本評估的方法；依照選定的評估方法，對企業的各項資產進行評估；根據評估的結果，將企業各項資產的價值記錄到知識資本資料庫。

　　對於知識資本的評估，根據各組成部分的不同特點，可選取不同的評估指標與評估實施方案。如人力資本的載體是人，其功能和效用的發揮程度受其載體的主觀願望和偏好的影響，可以從受教育狀況、業務能力、相關工作知識、相關工作能力、人格和工作潛能幾個方面，對一個企業員工的人力資本進行評估；還可以透過交談瞭解其思維方式、行為方式；透過測試（口試、筆試、實際測試）的客觀標準，公平、公正、公開的評估員工的實際工作能力；透過員工自我評價、管理者客觀評價、同事真實評價，對人力資本現在情況做出評價；最後結合反映員工過去情況的個人履歷表，對其未來人力資本狀況作一個推測性的評估。對知識產權資本，可以從專利權、版權、設計權、商業秘密、商標權等方面對其進行評估，透過市場需求調查，瞭解知識產權資本的有用性及市場價值；透過競爭者行為分析和資訊革命的影響分析，評估知識產權資本的競爭力及生命周期；透過審核變更合同、保護知識產權的成本與收益分析、公司員工的警覺意

識等,對知識產權資本進行綜合評估。從企業管理哲學、企業文化、管理程式、資訊技術系統、經濟關係等方面,對企業的組織管理資本進行評估,組織管理資本既包括軟體部分,如管理哲學之類的東西,又包括硬體部分如電腦設備之類的東西,其評估方法非常廣泛。透過基本情況調查,瞭解其組織管理資本在多大程度上適應企業的發展,還有多大的改進餘地;透過資訊革命的影響分析,評估其組織管理結構效率和簡化程度;組織管理資本是一種流動性極強的資本,無固定的組成,可透過其組成要素與企業目標的吻合程度進行評估;透過獲得淨增值分析,對其獲得風險利益的能力進行評估;透過對作為決策依據的資訊庫建設分析,採訪員工、採訪顧客等對組織管理資本進行綜合評估。透過顧客調查、銷售資料分析、銷售成本分析、市場調查、合同的審核、分析競爭對手等方法,對市場資本的各個方面進行評估,如服務品牌、產品品牌、企業品牌、顧客信任、重複生意(回頭客)、銷售管道、商業協作、特許代理協定、許可證協定、有利合同等。

在國外,對知識資本評估研究的突破性進展是瑞典的 Skandia(AFS)在一九九五年五月作出的,他們

自一九九一年起便專門組織研究、管理知識資本的機構，廣泛吸取財務方面的理論與成果，結合本公司的實際情況，建立起比較完善的知識資本理論體系與指標評估體系，並且取得了顯著的效果和經濟效益。他們指出，一個企業成功的因素包括五個部分：財務、顧客、運作過程、更新和發展、人力資源。Skandia設置了一系列指標評價以上五個方面，將它們綜合起來，便構成了一個動態的整體報表模型，稱之為Skandia「導航器」，用它來協助反映公司的知識資本（見圖 3-2）。

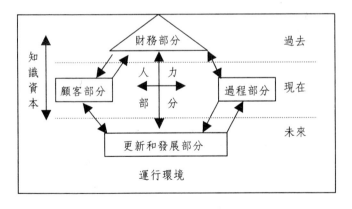

圖 3-2

　　導航器由五個部分組成，每個部分代表公司的一個工作重點，知識資本便寓於其中，其形狀像一面牆：房頂的三角形代表財務部分，表示公司的過去，能精確反映公司在某一時間的運作狀況，財務部分與其他部分是共生關係，反映其他部分的情況，同時自己不斷變化，以適應其他部門變化的要求，其最基礎部分是公司的原始財務記錄，然後進行合理有效過濾，即進行「財務資本化」，得到有真正指導意義的資料，最後形成「財務文件」，即將各種形式的知識資本轉化成為市場價值，形成反映公司經營狀況的文件。

　　房子的牆壁由顧客部分和過程部分組成，它們表示公司的現狀。新型的產品和服務使得企業的命運更多的取決於與顧客的聯繫程度，引導顧客的消費和增加顧客對企業的信任，成為企業生存的重要條件，顧客與公司的關係得到強化，這部分包括五個方面的內容：顧客類型、顧客忠誠程度、顧客角色、顧客支持、顧客成功。運作過程部分主要考察技術對整個企業創造價值方面所起的作用，衡量企業採用新技術而創造利潤，獲取風險利益的效率，包括四個方面的因素：技術選擇是否合理、供應商的選擇是否合理、技術的應用是否合理、錯誤的理念。

　　房子的根基是更新和發展部分，代表公司的未來。這部分指標一方面反映公司為未來做準備，如開發新產品，培訓員工，另一方面反映公司有效摒棄舊產品、舊工藝等戰略行為，同時反映公司將來的商業環境，其反映如下幾個方面的內容：顧客、市場吸引力、產品和服務、戰略夥伴、基礎設施、員工等。

　　房子的中心部分，表示任何組織的核心是人力部分，人力部分是聯繫知識資本其他幾個部分的核心和紐帶，是知識資本中最有活力的部分，也是僅有的活動因素。由員工的競爭力、企業幫助員工更新知識的責任等內容構成，反映員工的經驗和競爭力，以及公司在提高員工素質方面所作的努力。

　　在 Skandia「導航器」模型中，各個部分的各個方面都分別設計了量化指標，構成了一個包含一百六十四個指標的比較完整的知識資本指標衡量體系，在這裏我們就不再詳述。

(二)知識資本的運作

　　在對知識資本評估之後，企業獲得了自身內部的實力、特長、優勢和不足的充分資訊，並利用知識資本市場交易進自己欠缺的知識資本以彌補不足，交易

出閒置的知識資本以減少浪費，降低成本。這時便開始捕捉外部環境所提供的機會和條件，把知識資本投入運作，以獲取高風險增益。知識資本運作就是指知識型企業這個經濟系統，在利用外部環境所提供的機會和條件下，結合並發揮自己的特長和優勢，為獲得高額風險利益而對知識資本加以運用的一系列綜合性活動，主要包括知識資本的運作和管理。知識資本正是在這一系列經濟活動中不斷運動，在運動中獲取潛在的風險利益，實現增值與擴張。

■知識資本運作的原則

‧經濟效益原則

知識資本在運作過程中，必須以最小的知識資本投入、資金占用、資訊費用和運作消耗，達到知識資本的產出、資金增值和資訊的更新最大化。知識型企業運作中的經濟效益要考慮到知識產品或服務的品質、數量、成本、市場交割方式、時間等綜合風險因素。

‧綜合平衡原則

知識資本運作家應做好知識資本內部構成的平衡，如人力資本、知識產權資本、組織管理資本和市

場資本之間的平衡；知識產品市場的需求與供給之間的平衡；知識產品市場的需求與其生產能力和條件之間的平衡；資金占用、知識資本投入與資訊處理能力之間的平衡；技術發展水平與知識資本投入之間的平衡等。

・知識產品的市場需求原則

　　知識產品如果沒有市場需求，就不可能有知識資本經營循環的良性運行，就沒有知識資本的運作。知識資本運作家應根據市場需求，來決定知識資本運作計畫和戰略，既不能只顧運作而不顧市場需求的變化，又要克服不顧自身知識資本運作能力，只根據市場需求變動隨意制定目標。必須根據市場需求變動和知識型企業的內部實力，揚長避短，充分發揮各方面的積極因素，提高知識產品的市場占有率。

・風險性原則

　　知識型企業一般從事高風險的經營活動，知識資本是一種風險利益特徵極強的資本，所以知識型企業在運作知識資本時，不再像一般的企業以獲取平均利潤為目標，而是以獲取足以彌補其可能遭受的巨額風險損失的風險收益為目標。

(三)知識資本的運作

　　知識型企業運用知識資本的生產運作過程是一個動態平衡過程，是知識資本運作的基本內容。從企業內部的轉換運作來看，企業按照知識資本、資金及資訊等客觀條件，規劃企業的發展方向和目標，編製生產運作計畫，再根據生產運作計畫進入轉換機構——組織生產，把原料變成知識產品，按照商品生產過程，其使用價值和價值統一於知識產品之中，然後透過輸出（銷售）到環境（市場）中去，如圖 3-3所示：

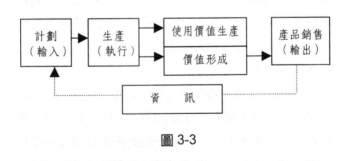

圖 3-3

　　企業內部運轉的生產過程是一個不斷循環運動著的動態過程，在此過程中，存在著生產計畫是否可

行、生產能否成功、產品價值能否實現、資訊反饋是否及時等諸多不確定性因素，具有較大的風險性。現代企業注重開放性，受其外部環境的影響和制約，並對其外部環境起反作用，兩者之間是相互影響、相互制約的，存在一個動態平衡。知識型企業與周圍的環境，包括顧客、競爭對手、市場及其他與其有著利害關係的各種機構和政治法律制度等，均有一個動態的相互作用，具有極強不確定性，為了使知識型企業在知識資本運作更具環境適應性，必須經常開展對外部環境的調查研究，進行市場預測，研究市場資訊，把握企業的外部環境狀況及發展趨勢，以適應環境變化，做出相應決策，從而把風險損失降低到最低限度，規避不必要的風險，促進不確定因素向有利的方向轉化，實現風險增益最大化。

下面就知識型企業在知識資本運作的動態過程中的縱向步驟加以分析。

第一步是對知識資本的運作環境進行分析，包括企業的外部環境和內部環境分析兩個方面。在市場經濟體制下，尤其是在能夠生成不確定性的複雜多變的市場環境中，知識資本運作在不同程度上受客觀環境的影響和控制，把握企業環境的現狀及未來發展變化

的趨勢，掌握足夠的資訊，就為明確企業使命和任務，提出企業目標，確定戰略、策略打下良好的基礎。

知識資本運作的外部環境分析包括宏觀環境、中觀環境、微觀環境分析。宏觀環境是指對知識資本運作產生影響的政治、法律、經濟、技術、文化等因素的集合；中觀環境主要是指運作知識資本的企業所在行業的環境和企業所在的地理環境；微觀環境是指與運作知識資本的企業的產、供、銷、人、財、物、資訊等發生關係的客觀環境，是決定知識型企業生存和發展的基本環境。

知識資本運作的內部環境分析，也就是知識型企業的內部實力分析。不斷變化著的外部環境給企業帶來了潛在的可以加以利用的機會，但只有對於具備了能夠利用這些機會的內部條件的企業，才有可能獲得它們。因此，企業能否利用機會，避開外部環境可能帶來風險損失的威脅，只有透過企業內部實力的分析，才能得到最後的結論。內部實力分析分為綜合性分析和專題分析兩類。綜合性分析是對知識型企業這個經濟系統及其主要子系統的運行狀況及運作能力的分析，如企業基本情況分析、銷售分析、生產分析、科技工作分析、財務分析等；專題分析是針對企業主

要矛盾而進行的重要內容分析，如人力資本分析、知識產權資本分析、組織管理資本分析、市場資本分析等，這些都要以企業知識資本評估所提供的資訊為基礎。

　　第二步是知識資本運作的戰略規劃。知識型企業在環境分析的基礎上，可以從確定企業使命和戰略目標開始，逐步開展戰略規劃，擬出具體的戰略方案。戰略方案是為戰略目標服務的，而戰略目標又體現了企業使命的要求。知識型企業使命一般包括決定企業運作的方向和範圍的主要知識產品、主要市場和重要的技術；獲取知識資本的快速擴張；服務社會和可持續發展的企業理念；在競爭的環境中找到自己正確位置，客觀、現實的評價自己優勢和劣勢的自我概念；保護消費者利益、維護生態環境，為社區、為社會作貢獻的社會責任等。同時企業使命應以用戶為導向、具有約束力和鼓動性。戰略目標是企業使命的具體化，是企業為完成使命所要達到的預期結果，是企業戰略的核心，主要包括獲利能力、生產能力、產品、市場、競爭能力和社會責任幾個方面。同時企業目標既要具有挑戰性，又要切實可行。

　　戰略方案是企業為了達到一定的目標所制定的

一套關於企業長遠發展的總體設想，一般包括總體戰略和分戰略。總體戰略確定企業總的行動方向，有三種基本類型：發展戰略（又稱攻勢戰略）、穩定戰略（守勢戰略）、緊縮戰略（撤退戰略）。運作知識資本的企業主要採用發展戰略，就是不斷開發新產品和新技術，開拓新市場，擴大投資規模，實現產品差異化、運作多樣化，掌握市場競爭主動權。分戰略是為保證總體戰略的實現，在知識資本運作的各職能領域內分別採用的戰略，如產品戰略、財務戰略、人力資本戰略、知識產權資本戰略、組織管理資本戰略、市場資本戰略等。

　　第三步是知識資本運作的戰略實施與控制。戰略實施是指知識型企業透過一系列行政的和經濟的手段，組織企業員工為達到戰略目標所採取的一切行動。企業在實施戰略的過程中，會遇到許多問題和風險，需要付出更為艱苦的努力去減少風險損失，增進風險增益，這就使得戰略實施成為知識資本運作過程中非常重要的環節。具體地說，重點應該做好以下四個方面的工作：第一，根據戰略要求，選擇和建立適合的組織機構。知識資本採用的是有較高不確定性和較高風險的發展戰略，相應的組織機構要求向小型

化、扁平化、網路化和虛擬化方向發展，減少中間環節，加速資訊流通，增強抗風險能力，以適應不斷變化的環境條件，為戰略實施提供組織上的保證。第二，將戰略方案分解，以便於操作。一般對其在時間和空間上進行分解，變成可以具體衡量和操作的目標。第三，合理分配企業資源，尤其是知識資本、資金和資訊，以支持戰略方案的實現。第四，建立與戰略方案相適應的企業文化。企業文化是組織成員共有的價值觀念、行為規範和信念的綜合體現，知識型企業必須建立一套富有活力的企業文化，使組織成員具有高度的工作熱情和創新精神，團結一致。

戰略控制是知識型企業在戰略實施過程中檢查為達到目標所進行的各項活動的進展情況，評價其業績，與預定目標和控制標準相比較，發現戰略差距，分析產生偏差的原因，糾正偏差，減少風險損失，使企業活動更好的與當前所處的內外環境、目標和戰略協調一致，使企業目標和戰略得以實現。

(四)知識資本的管理

對知識資本評估的一個重要目的，就是為知識資本的運作和管理提供可靠的資料基礎，而對知識資本

的有效管理又是知識資本順利循環運作、實現戰略目
標的關鍵，所以知識資本管理是整個知識資本運作的
核心。

■人力資本管理

　　人力資本管理是知識資本管理戰略的前提和出
發點，以組織管理資本、知識產權資本，和市場資本
為保障和支持，促進個人知識的創造，鼓勵將個人未
編碼的知識轉化為企業編碼的知識，並對其中重要的
知識資本實行法律保護。人力資本作為知識資本管理
的核心，首先要對企業中的員工和管理人員的基本業
務技能進行分類和評價，使員工的技能、創新能力、
思維意識有一個合理的配比，高新技術開發和管理人
員應成為企業要素配置的核心和收益分配的核心。其
次，對人力資本的管理，要把存量管理和增量管理相
結合，增加對員工人力資本的投資支出，維持適當的
比例和結構，增加人力資本的積累水準。再次，對企
業的決策層和管理層的構成、程序、組織安排進行評
價，按照知識資本增值性、流動性、風險性的原則，
進行組織設計和管理創新。最後，人力資本管理還必
須具備良好的社會環境的法律條件、市場條件，注意

與其他知識資本的配合，使企業的整個知識資本配置合理。這樣，既調動了員工的積極性和創造性，又提高了企業的資源配置效率。

■知識產權資本管理

知識產權資本管理涉及知識產權資本的發展與保護兩個方面。知識產權資本的形成與發展是其擴張與增值的基礎，為了使其得到有效發展，必須促進科技發明成果商品化，加速科研開發隊伍的形成與發展，並成為社會發展的主要力量；鼓勵發明創造，為其提供一個較為寬鬆的社會環境；對知識產權資本的組織和投入，也應注重投入產出效益。

對知識產權的法律保護具有雙重性，各國的知識產權法律保護體系不斷健全，關於知識產權的國際條約在不斷增多，但現行的知識產權國際法律保護體系存在種種缺陷和不足，缺乏有效的爭端解決機制，保護範圍狹窄，沒有強有力的執行機構，不適應知識產權發展的實際需要。同時，知識產權保護和協調，在不同國家、地區和企業間存在矛盾和衝突，因為它們的經濟、科學技術和文化發展水準不同，知識產權的發展狀況也不一樣，存在著形式上的平等與事實上的

不平等。因此，我們應強化知識產權保護的內容和範
圍，並積極協調知識產權領域的矛盾和衝突，使知識
產權的保護得到強化的同時，不損害有關各方的利
益。只有為知識產權資本創造良好的發展和保護環
境，知識產權資本管理才能達到預期目的。

■組織管理資本的管理

對組織管理資本的管理是一個管理創新的過
程，又是一個企業資源優化配置的過程。管理是對企
業資源進行有效整合以達到組織既定的目標與責任的
動態性創造活動，而管理創新則是對管理資本進行重
新調整組合，使企業達到既定目標與責任的風險損失
更低。

管理創新一般包括：提出一種新的經營思路並加
以實踐；創設一個新的組織機構並使之有效運轉；提
出一個新的管理方式方法；設計一種新的管理模式；
進行一項制度創新等。透過管理方式的改變優化企業
資源配置，促進知識資本增值與擴張的主要途徑是：
透過對管理主體和管理對象的行為方式、思維方式的
改變，提高管理者素質，使知識資本管理效率和物質
資本運作效率提高；透過促進技術進步，培養良好的

企業學習風氣和制度；透過企業經營規模的改變，達到規模效應，被市場接受，從而實現企業目標。

■市場資本管理

市場資本管理表現在市場網路建設，市場容量擴大，市場行銷能力提高，市場名牌創立，顧客對企業的忠誠滿意，企業在顧客中的信譽提高等各個方面。

企業應突破單純生產的觀點，促進資訊網路、行銷網路、物流網路、人才網路、顧客網路等市場網路的發展和高品質的運行；加強市場調查研究，掌握動態，努力擴大市場容量；透過精心的行銷策劃、廣告宣傳，使高品質的企業產品和服務贏得更多的消費者，創立企業品牌、產品品牌和服務品牌，形成獨特的市場文化；根據不同類別的顧客群體（發起者、影響者、決策者、購買者、使用者），在企業經濟活動的不同影響，注意文化、社會、家庭、個人心理等因素的研究，採取不同的管理策略，增大顧客對企業的信任和忠誠。

第四章
知識經濟的動力源泉：
知識創新

　　在知識經濟條件下，知識產品的生產必須以創新為前提，離開創新的知識生產不叫知識生產，只能叫知識傳播。知識的生產過程是不斷創新的過程。如果沒有創新，知識經濟就無法運轉，社會經濟就會處於停滯狀態。另一方面，知識在知識經濟條件下，之所以能成為起決定性作用的生產要素，就在於知識是創新了的知識，這種創新了的知識與企業其他生產要素相結合，就實現了其他要素的重新組合，從而使生產效率獲得極大提高。此外，知識創新能帶來社會經濟生活各個領域的全面創新，包括觀念創新、技術創新、管理創新、制度創新、產品創新、市場創新、文化創新等，從而使整個社會經濟充滿活力。

一、創新、創新方法及意義

知識創新是創新這一範疇中的子概念，瞭解知識創新首先要瞭解創新的內涵與特徵等。

(一)創新的概念與特徵

創新是指創造出新思想和新事物。它可以運用於各個領域。將這一概念首先運用於經濟學領域的是美籍奧地利經濟學家熊彼特，他在一九一二年從經濟學的角度系統提出了創新的生產函數，即實現生產要素的一種從未有過的新組合。熊彼特的創新概念包括下列五種情況：

1. 創造出一種新的產品，也就是消費者還不熟悉的產品，或者已有產品的一種新的特性。
2. 採用一種新的生產方法，也就是在有關的製造部門中尚未透過經驗檢定的方法，這種新的方法不一定非要建立在科學新發現的基礎上，它還可以是以新的商業方式來處理某種產品。

3.開闢一個新的市場，也就是有關國家的某一製
　造部門以前不曾進入的市場，不管這個市場以
　前是否存在過。

4.取得或控制原料或半製成品的一種新的供給來
　源，不管這種來源是已經存在的，還是第一次
　創造出來的。

5.實現任何一種新的產業組合方式或企業重組，
　比如造成一種壟斷地位，或打破一種壟斷地位。

　　熊彼特所說的創新，過於強調經濟學意義。除了
組織創新外，熊彼特創新概念包括的幾個方面都屬於
技術創新範疇。但是，熊彼特並沒有明確區分出組織
創新，更沒有對此展開論述。正是由於這個理論中存
在不完善的地方，所以後來的技術創新理論和制度創
新理論對其進行了補充和發展，並分別成為兩個新的
研究領域。

　　美國著名管理學家杜拉克將「創新」概念引入管
理領域，從而進一步發展了創新理論。他所定義的創
新就是賦予資源以新的創造財富能力的行為。杜拉克
認為創新有兩種，一種是技術革新創新，它是自然界
中為某種自然物找到新的應用，並賦予新的經濟價

值；一種是社會創新，它在經濟與社會中創造一種新的管理機構、管理方式或管理手段，從而在資源配置中取得很大的經濟價值與社會價值。杜拉克認為，社會創新與技術創新不同，技術創新必須以科學技術為基礎，而有些社會創新並不需要什麼科學技術。社會創新的難度比技術創新的難度更大，但發揮的作用和影響方面要比技術創新大得多。

杜拉克進一步從整個國家的社會經濟發展來考慮社會創新問題。他認為，日本的成功完全是來自社會創新，從根本上說，就是自一八六七年以來一直實行的門戶開放政策。因此他說，與其說「創新」是個技術性的語彙，不如說是個經濟學或社會學的術語更為貼切。

尼爾遜和羅森伯格定義的創新概念著重於技術創新，但從另一個意義上說，尼爾遜和羅森伯格的創新概念也是比較廣泛的，包括企業、管理、產品設計和製造過程等一切新的東西都是創新，不管這些新的東西以前在世界上或本國是否存在。因此，創新就不僅包括技術的第一次引入，還包括擴散。

卡達爾認為創新不但包括生產技術創新和產品創新，還應該包括新的組織形式和制度創新。倫達爾

理論的創新和熊彼特一樣非常廣泛，但是他也沒有系統地闡明他所用的創新概念。對於非技術類型的創新，倫達爾並未進行系統分析，對於各種不同類型創新之間的區分，倫達爾的論述也有一定令人困惑的地方。

尼爾遜和斯坦基耶維茨定義的創新中未包含組織創新。倫維瓦爾在一九九二年只提到了創新而非技術創新，但是他們並未進行系統的分析。

李京文和李富強在《知識經濟概念》一書中指出，創新涉及了研究開發技術管理、組織、工程設計、製造、行銷、用戶參與以及管理和企業活動等。雖然創新過程常常涉及技術活動，有時甚至是重大的技術變化與技術創造，但絕不能把它看作是單純的技術活動，即使重大的技術創新也是如此。更何況，許多創新甚至重大創新，並不一定都有新技術的創新。

按照坎特的觀點，創新有以下四個特徵：

1.創新的過程是不確定的：創新的來源與創新機會的發生可能是不可預測的。創新的目標中可能含有以前很少或根本沒有的經驗基礎去獲得結果的預測。希望有一個創新的時間表是不現

實的，並且進度表也並不可能與進展的步伐相一致。J‧B‧奎因指出：「一個能創新的進展是在不可預測的耽擱和挫折中突然到來的……是基本雜亂地發展的」。此外，預計的成本可能超支，並且最終結果是高度不確定的。這就要求對創新要容許有失敗。矽谷的經驗中最重要的一條就是「容忍失敗」，諮詢公司多布林集團的總經理拉里‧基利說：「容忍失敗，這是人們可以學習並加以運用的極為積極的東西。」

2. 創新的過程是知識密集的：創新的過程集中地產生新知識，所有介入其中的人員在創新過程的每一點上，需要有緊密的聯繫和迅速的資訊交流。創新者有時「百思不得其解」，別人一指點，受到啟發，新思想便產生。前提是大家都有知識，都在思考，從而能發揮集體智慧。

3. 創新過程是有爭議的：創新活動常伴有可選方案之間的競爭。例如本田汽車公司探索空氣致冷的馬達，同時就得放棄用水致冷馬達的改進上所花費的時間和資源。此外，有時一個有潛力的創新會對既得利益者構成威脅，比方說，威脅到舊產品銷售中收到高回報的銷售人員的

利益，或威脅到另一種競爭方案支持者的利
益，有時涉及當權者的利益。

4.創新過程是跨邊界的：創新活動最可能在這樣
的組織中成長，它們有強調多樣性的錯綜複雜
的結構和文化，組織內外的多種結構聯繫，領
域交叉，員工的集體榮譽和對人才的信任，合
作和團隊工作等。能產生更多創新的組織，具
有用多種方式連接人們的複雜結構，這種結構
在戰略導向下，鼓動人們去做自己想要做的
事，不要把他們限制在他們的工作範圍內，束
縛他們的手腳。這樣的組織與關鍵的外部資源
有較好的聯繫，並在一種有利制度環境下運作。

(二)創新的方法

據有關資料表明，目前世界上的創新方法具有幾
百萬種，但通常用的只有幾十種，李雲才在《創新：
知識經濟的靈魂》一書中，介紹了四種最常用、最普
遍的創新方法。在此介紹幾種方法如下：

1.意場感應法。所謂意場感應法，是指人處於一
種特殊狀態或特定環境時，由於「觸景生情」

或意子（意誘的基本單元）相互感應，而使人腦產生創意的方法。

2.綜合法。綜合就是一種創新，這已為大量的事實所證明。國外有些學者對一九○○年以來的四百八十項重大技術成果進行分析，發現導致技術發明的方式在二十世紀五○年代發生了變化。由綜合所導致的發明成為當代發明的主要途徑。美國阿波羅登月計畫中就沒有一項新的發明不是現代科學理論和技術的綜合運用。

3.自由暢想法。也叫「夢想法」。就是充分運用頭腦的想像力來構想、設計、創造未來新事物。此法在預測術中經常使用。

4.科學歸納法。是以科學理論的分析作為指導，以探求一類事物與某種屬性之間的內在聯繫，從而探索出現象之間的因果聯繫，概括出一般性的結論。

5.頭腦風暴法。又稱「智力激勵法」，是由創造學創始人、美國學者奧斯本在一九三○年推出的一種創新技術。它是一種集體型的創新技術，是運用智力激勵的形式來集思廣益，透過相互間無拘無束的思考、思想交流等思維激勵，產

生思維共振,在短時期內產出大量創新設想,
繼而量中求質,找出最佳方案。

6.邏輯推理法。就是根據某種特定的、經常性的
現象,進行合規律、合邏輯的推斷與判斷。

7.檢核表法。又稱設問法、分項核查法等,其應
用面極廣,幾乎適用於所有類型及所有場合的
創新活動,以及非創造性的常規問題研究。有
將檢核表法稱為「創造技法之母」。檢核表法實
際上是一張人為制訂的從各個不同的角度來啟
迪思路的分類提問表。對各個不同的創新對象
及不同的創新目標,都可以列出解決思考問題
的各個方面,以便於按擬定的問題來展開全
面、周密、多方面的思考。

8.觀察法。就是創造者在一定的思想指導下對自
然現象、實驗現象及社會現象進行深入細緻的
認識活動。專家研究表明,人們獲取的各種資
訊,其中80%以上是透過觀察獲取的,觀察與
創新結下不解之緣。

9.分離法。根據就是世界上的事物往往不是單純
的,它們往往有著複雜的構成。在很多的事物
中,真和假、美和醜、利和害、有用和無用、

　　科學和迷信交織在一起，我們應有一分為二的
觀點，對此進行認真的分析研究，有可能從整
體無用的東西中找出有用的部分，從整體對人
物有害的事物中發現對人有利的因素，從整體
錯誤理論中挖掘出合理的成分，等等。如果我
們設法將有害無益的部分和有益的部分分開，
將前者加以排除，將後者加以利用，就可以變
害為利，化廢為寶，使其造福人類。

10.演變法。就是研究變化的方式、規律與原理的
一種創新技術。演變創新的基本方式主要有形
體演變、組合演變、移植演變與雜交演變四種
類型。

　　認真學習或者掌握一些創新方法，對於打破某些
固有的思維定勢，提高自信與創新效率都是大有裨益
的。但方法是死的，世界是變化的、複雜的；我們講
方法，不唯講方法而已，更要學習方法而將之善於靈
活運用。

(三)創新的意義

■創新是增強國家綜合實力的基礎

創新是增強國家綜合實力和國家競爭力的基礎，是國民經濟持續成長的動力。

保羅・羅默在〈經濟成長〉一文中以日本、印度、美國為例，說明貧窮國家之貧困並非自然資源或物質資源匱乏。貧窮國家缺乏的是創意，而非物品，亦即缺乏已經存在於發達國家的提高生活水準所需要的知識。

就整個經濟而言，如果沒有技術創新，即使國民所受教育程度提高，仍不能保證經濟的持續成長。這解釋了俄羅斯若干地方教育發達，經濟仍相對落後的原因，也說明中國教育中過分注重知識灌輸，不注意創新意識和創新能力的培養，直接或間接影響經濟成長的弊端。

■創新是擴大內需的源泉

美國經濟多年來持續成長，就業領域擴大的事實告訴我們，創新是擴大內需的源泉。

二〇年代，發達國家經濟相繼陷入經濟停滯和通

貨膨脹的「滯脹」困境，美國依靠創新，加大對研發的投入，努力恢復和提高競爭力，使經濟獲得復甦，連續多年平穩成長。

美國實施創新發展戰略使產業結構發生深刻而巨大的變化。一方面農業和傳統製造業得到高科技改造和武裝，重新恢復了競爭力，迄今美國仍是農產品出口大國，汽車、鋼鐵等傳統製造業產品在國內外市場所占份額擴大。另一方面，高科技產業成為美國經濟發展的火車頭，美國經濟率先從後工業經濟時代向知識經濟時代邁進。高科技產業對美國經濟的成長的貢獻率已超過 55%，建築業和汽車業的貢獻率分別為 14%和 4%。無論是資訊技術產業，還是資訊服務業，美國既是世界上最大的市場，也是全球最大的供應國。美國高科技產業和服務業的對外貿易一直保持強有力的競爭地位。一九九七年在全球資訊市場所占份額，美國為 41.8%，大大高於歐洲和日本分別為 27.5%和 16.6%的比重。此外，美國已占有世界軟體市場的 75%。

實施創新發展戰略，不僅擴大了內需和出口，而且拓寬了就業領域，減少了失業。由於日本國內需求和投資不振，日本失業率已從一九七三年的 1.4%上升

到 4.1%（不包括婦女失業）。據萊斯特・瑟羅在《資本主義的未來》一書中介紹，從五〇年代到六〇年代，歐洲的失業率只有美國的一半。但是，由於高科技產業的滯後，一九七三至一九九四年，歐洲幾乎沒有擴大就業機會，而美國卻淨增加了三千八百萬個就業崗位。一九九八年四月，歐盟十五國的平均失業率仍保持在 10%以上，而美國的失業率已降至 4.3%，為七〇年代初以來的最低水準，已經達到充分就業的目標。據美國商務部最近統計，在過去五年裏，資訊技術產業創造了一千五百萬個就業機會。

　　美國的事實告訴我們，只有實施創新戰略，不斷創新，經濟才能持續成長，增加就業崗位，減少失業率。

■創新是人類文明進步之本

　　人類社會發展的歷史實際就是不斷創新的歷史。而且什麼時候創新的速度越快，社會經濟發展的速度也就越快。人類之所以經歷數百萬年的狩獵社會，是因為那時幾乎沒有創新，之所以經歷數千年的農業社會，是因為創新太少，而在進入近三百年的工業社會所創造的物質文明，比過去一切世代的總和還

要多、還要大，是因為人類創新的速度很快，到了知識經濟時代，人類創新的速度會更快，科學技術會突飛猛進，新觀念、新發現、新發明、新技術、新材料、新工藝將層出不窮。新興產業和新興管理方法不斷湧現，制度、文化也不斷更新。因此創新是當代的主旋律。不管願意不願意，誰墨守成規，故步自封，必將被時代的列車所拋棄。

二、知識創新與其他創新

　　知識創新是進行科學研究而獲得新科學知識的過程。知識創新的目的是追求新發現，探索新規律，創立新學說，創造新方法，積累新知識。知識創新是觀念創新、技術創新、制度創新、管理創新等其他創新的基礎。

(一)知識創新

　　知識創新按照學科分類包括自然科學知識創新和社會科學知識創新，按照學術層次可分為理論科學知識創新和應用科學知識創新。能為社會經濟生活提

供最直接服務的是應用科學知識創新，它不僅包括新產品的研究開發、新工藝的創造應用，還包括管理模式的變革、組織機制的調整等諸多方面。

■知識創新與知識經濟的關係

知識經濟的產生是知識創新的結晶，知識創新是知識經濟的發動機。從某種意義上講，如果沒有知識創新，就沒有今天的知識經濟，更沒有知識經濟未來的發展。在當今知識經濟的發展中，知識創新的速度、水準和方向，決定著知識經濟的發展狀況。提高創新能力，實質就是在遵循客觀規律的前提下，努力尋找獲得競爭制勝之路。誰擁有知識創新能力，誰就擁有知識經濟發展的優勢，還可以將劣勢轉化為優勢。美國近二十年來的經濟競爭就說明了這一點。在八〇年代初，當時美國總統雷根已發現美國的競爭力在全國開始下降，於是組織了由經濟學家、學者和科學家顧問組成的「工業競爭研究委員會」，進行了兩年多的深入調查研究，發現經濟領域中出現了一些新的因素，就是以電腦為特徵的資訊產業發展神速，當時有人稱之為第三波的「後工業經濟」和「資訊經濟」，而這種新型產業正是日本的弱點。於是美國決策層把知識和

最新科技成果作為經濟發展基礎，提出了一系列具有創新性的針對性方案，搶先發展新興微軟產業，一九九〇年，美國政府對資訊產業的投資第一次超過對其他產業的投資。與此同時，強調科研新成果和新知識對經濟的推動作用，在企業中倡導創新。特別是柯林頓總統上台後，把發展知識經濟提到基本國策的高度上，在一九九三年，率先提出「資訊高速公路計畫」。一九九六年僅在資訊產業的投資就達二千五百億美元，超過了日本和歐洲的總和。這是美國經濟連續十年呈現相對強勁的一個重要原因。

　　與此相反，日本由於缺乏創新精神，其經濟競爭優勢逐步喪失。日本曾經提出「技術立國」的國策，在八〇年代以前出現了經濟高速發展的奇蹟，經濟競爭力不斷增強，但是九〇年代以來，卻停留在狹窄的技術領域裏作有限的改造和調整，其創新能力慢慢落在時代後面，致使日本經濟成長緩慢，後勁不足。一九九九年七月引發的東南亞經濟危機，也暴露了一些國家在科技進步和知識創新方面的嚴重缺陷。由此可見，知識創新是提高競爭力的制勝法寶，它是知識經濟的生命所在。

　　知識經濟的迅猛發展要求不斷進行知識創新，在

知識經濟條件下科技發展日新月異，知識更新速度日益加快，這也在客觀上要求不斷進行知識創新，用新知識更新舊知識。而知識經濟更有利於知識創新。知識經濟的發展，能擴展人們進行知識活動的視野，資訊收集日益快捷，收集範圍越來越廣，這有利於人們突破學科、行業、地區、民族以及國家的界限，充分展現聰明才智，發揮創新能力。隨著知識經濟的不斷發展，人們的創新機會越來越多，使知識創新不斷在高水準上與知識經濟發展相輔相成，相得益彰，從而使知識經濟與知識創新都得到發展。

■知識創新的類型

・從創新知識的類型的角度分類

　　對知識創新，可以從不同的角度進行分類，從創新知識的類型的角度，可將知識創新分為技術知識創新、管理知識創新、市場知識創新等。

1.技術知識創新

　　在工商管理中，技術知識創新常被認為是企業產生新的或改進的產品和生產工藝的過程，所涉及的活動有：構思的生產、開發及其商業化，以及新的改進的產品、工藝和服務在整個經濟中的擴散。技術知識

創新又可細分為產品知識創新和工藝知識創新：產品知識創新是關於推向市場的新產品的知識創新，是面向用戶、消費者的創新；工藝知識創新是對產品的加工過程、工藝路線、設備等技術知識所進行的創新。

2.市場知識創新

　　市場知識創新是指為達到開闢新市場的目的而進行的知識創新。如尋找新用戶、發現產品新用途、重新細分市場等知識創新。行銷應強調市場的創新，而不是市場的分享。彼得・杜拉克曾指出，企業要透過開發利用新機會而不是解決現有問題來取得商業成功。因此，市場知識創新是企業戰略中至關重要的內容。

　　美國杜邦公司的尼龍產品是市場知識創新比較成功的例子。正當尼龍變成一個成熟產品時，某些新的用途就又被發現了：尼龍一開始是用來製造降落傘的合成纖維；然後用作婦女絲襪纖維；接著，作為男女襯衣的主要原料，用於製作其他布料，再後來，用於製造汽車輪、船、沙發椅桌和地毯……每種新用途都使產品進入一個新的生命周期。杜邦公司這種發現產品新用途的市場創新做法，給企業帶來了極大的利潤。

3.管理知識創新

　　管理知識創新是指創造一種新的更有效的資源整合範式，這種範式既可以是新的有效整合資源以達到企業目標和責任的全過程或管理，也可以是新的具體資源整合及目標製造等方面的細節管理，這樣一個概念至少可以包括下列五種情況：

1.提出一種新經營思路並加以有效實施。新經營思路是可行的，這便是管理知識的一種創新。但這種新經營思路並非針對一個企業而言是新的，而應對所有企業而言都是新的。

2.創設一個新的組織機構並使之有效運轉。組織機構是企業管理活動及其他活動的支撐體系，一個組織機構的設計是一種知識創新，但如果不能有效使之運轉則成為空想，並不是實實在在的知識創新。

3.提出一個新的管理方式方法。一個新的管理方式方法能提高生產效率，或使人際關係協調，或能更好地激勵員工等等，這些都將有助於企業資源的有效整合，以達到企業既定目標和責任。

4.設計一種新的管理模式。所謂管理模式是指企
　業綜合性的管理範式，也是指企業總體資源有
　效配置實施的範式，這麼一個範式如果對所有
　的企業的綜合管理而言是新的，則自然是一種
　創新。

5.進行一項制度創新。管理制度是資源整合行為
　的規範，既是企業行為的規範，也是員工行為
　的規範。制度的變革會給企業行為帶來變化，
　進而有助於資源的有效整合，使企業更上一層
　樓。因而新制度的設計也是管理知識創新的內
　容之一。

・從創新所取得的成就角度來區分

　　從創新所取得的成就角度來考察知識創新，可以
把知識創新分為突破型技術創新、應用型知識創新和
漸進型知識創新三種：

1.突破型知識創新

　　有些新知識與當前生產系統相去甚遠，這些創新
界定了產品、工藝或管理範式的基本結構，為技術和
市場以後相繼開發建立了日程表。實際上，它為以後
的競爭和創新勾畫了基本框架，比如微軟的 Windows

作業系統的開發，公司制度的建立和流水生產方式的
出現。

　　突破型知識創新有如下特徵：第一，它打破了以
前產業對新知識的結構性控制與支配。其次是設計概
念的持久性。這種製造知識創新所產生的設計概念，
將在產業未來很長時間內占主導地位。第三，是科學
的作用。雖然基於科學突破的創新是支撐主導設計的
基礎，但主導設計本身並不是科學所激發的，它是知
識與市場需要巧妙結合的產物。

　　突破型知識創新的意義在於，沒有突破型知識創
新，也就沒有應用型知識創新和漸進型知識創新，每
一項重大的突破型知識創新都會先後在不同的地區
裏，引起一系列相應的應用型知識創新和漸進型知識
創新。對於公司來說，進行突破型知識創新，可以開
闢新的市場領域，提高企業的市場競爭實力，從而獲
得高額利潤。尤其對於在市場中居於領先地位的企業
來講，必須持續不斷地進行突破型知識創新。

　　率先向市場推出全新的產品是突破型知識創新
的一種主要方式，這類知識創新的收益最高，難度也
最大，因而不是任何企業都有能力從事這類創新活
動。事實上，大多數公司都無力從事這類成本高、風

險大的知識創新，只有少數實力雄厚的大公司，才有
能力從事這種全新產品的開發研究。例如，法國勒努
瓦公司一八六〇年推出的內燃機；德國西門子公司於
一八六七年推出的發電機；美國 RCA 公司於一九五三
年推出的彩色電視機；英國皮爾頓兄弟公司於一九五
八年推出的浮法玻璃；荷蘭飛利浦公司於一九七〇年
推出的盒式錄音機；美國英特爾公司於一九七一年推
出的微處理機等，都是突破型知識創新的典型。

2.應用型知識創新

　　指將新成果深度開發與應用，以及把知識成果橫
向地轉移和派生。應用型創新的技術風險較小，值得
重視的是它的市場風險。有的應用型知識創新不過是
為老產品或者老技術找到一種新的商業化用途，即使
向市場推出一種全新產品，也往往是創新者將已有的
技術發明實現商品化和市場化。

3.漸進型知識創新

　　指透過對已有的知識結晶進行改進、完善的全新
過程。漸進型知識創新不必創造全新的產品、工藝或
是管理範式，只是對已有的技術、管理進行改良，因
而創新者承擔的創新成本或風險都比較小，而所獲取
的收益卻未必低。漸進型知識創新所涉及的變化都是

建立在現有技術和生產力之上的變化，這些變化的效果是加固了現有的技能和資源。與其他類型的知識創新相比，漸進型知識創新更多地受經濟因素所驅動。

透過對火箭發動機、電腦和合成纖維的研究表明，漸進型知識創新對產品成本、可靠性和其他性能都有顯著的影響。雖然單個看每個創新帶來的變化都很小，但它們累積的效果往往超過初始創新。美國汽車業的 T 型車早期價格的降低和可靠性的提高，就展現了這種格局。從一九〇八年到一九二六年，汽車價格從一千兩百美元降到兩百九十美元，而勞動生產率和資本生產率都得到了顯著的提高。成本的降低是無數次工藝改進的結果，究竟有多少次連福特本人也數不清楚。他們一方面透過改進焊接、鑄造和裝配技術，以及透過產品設計提高了汽車的性能和可靠性，從而使 T 型車在市場上更具有吸引力。

漸進型知識創新對產品特性產生顯著效果，它不僅加固和強化了生產能力，同時也加固和強化了企業、顧客和市場三者之間的相互聯結。這種效果常常能持續相當長的時期。

■知識創新系統與主體

　　知識創新系統是國家創新體系的基本組成部分。國家創新體系是由與知識創新和技術創新相關機構和組織構成的網路系統，包括知識創新系統、技術創新系統、知識傳播系統和知識應用系統。其中知識創新系統是由與知識的生產、擴散和轉移相關的機構和組織構成的網路系統，其核心部分是固定科研機構和高等學校。技術創新系統是由與技術創新全過程相關的機構和組織構成的網路系統，其核心部分是企業，知識傳播系統主要指高等教育系統和職業培訓系統，其主要作用是培養具有較高技術技能、最新知識和創新能力的人力資源和知識，應用系統的主體是社會和企業，其主要功能是知識和技術的實際應用。

　　國立科研機構和高等學校共同構成知識創新系統的核心部分，其主要功能是從事知識的生產、擴散和轉移。

・國立科研機構

　　科研機構是知識創新的基本主體。國立科研機構作為知識創新的基本單位，在知識創新、技術創新中起著極其突出的作用，具體表現在如下幾個方面：

　　第一，科研機構是知識創新活動的重要源泉。從歷史上看，科研機構的基礎研究對促進國家的知識創新產生了極其重要的作用。尤其是一些較為重大的科技創新，如半導體、核能、電腦、鐳射、光纖通訊、基因重組等。如果沒有基礎科研的突破，它們的實現，要麼不可能，要麼會耽誤很長時間。在國際競爭日趨激烈，技術特別是高科技已成為影響和決定國家競爭能力主要因素的今天，基礎研究對知識創新的作用已變得越來越重要。此外，科研機構中更為大量的應用研究和技術開發活動，是知識創新與技術創新更為直接的源泉。

　　第二，科研機構是知識創新人才的重要培養基地。科研機構的發展要依靠有創新意識和創新能力的優秀人才；同時，也擔負著為社會培養和輸送高素質科研人才的使命。據統計，截至一九九七年底，中國大陸從事科研活動人員達到五十二萬人，其中科學家和工程師達一百六十八萬人。

　　第三，科研機構是企業技術創新諮詢服務體系的重要組成部分。企業在技術創新過程中，及時獲取技術、市場、政策等方面的資訊十分重要，科研機構常常是它們最重要的外部資訊源。創新過程中企業遇到

的試驗、工程、設計等方面的技術問題，以及產品的標準測試等問題，也主要依靠科研機構的幫助。近些年來，隨著科研體制改革的發展，許多科研機構進一步加強了為企業提供資訊、諮詢、幫助解決技術問題等方面的服務，並建立了旨在促進技術轉移的技術服務的各種各樣機構。

第四，科研機構是技術創新的直接實施者和擴散者。科研機構作為技術創新直接實施者的作用，近些年來發展較快。在工業發達國家這種趨勢的發展，一是與高科技產業的成長和某些高科技創新的特點密切相關。資訊技術、生物技術等具有高度的研究密集性，科研機構的優勢十分明顯；二是隨著冷戰的結束，各國政府對軍事科研的支持減少，迫使一些科研機構轉向民用，透過商品化尋求發展。

・高等學校

知識經濟的第一資源是智力資源，擁有智力資源的是人才，人才來自教育。教育就是培養人才，人才是教育的「產品」。

高等學校是知識經濟社會最重要的支撐之一。經濟合作暨發展組織在知識經濟專題報告中提出：「高校是知識經濟的核心部分」，十分重視高等學校在知識經

濟社會中的地位和作用。高等學校作為一個知識生產
（科研）、知識傳播（教學）和知識利用（科技產業）
的綜合體，處於知識經濟的前沿，它將為知識經濟社
會培養大批高層次的人才，這些人才在這一社會中能
起骨幹作用，它將成為新理論、新技術和新產品的創
新基地，並提供各種理論研究成果和應用成果，直接
或間接地為經濟發展服務。在西方，高等學校的地位
和作用已經在驅動知識經濟社會的發展中呈現出來。

(二)其他方面的創新

■觀念創新

　　觀念創新就是要對傳統的觀念進行揚棄，樹立適
應知識經濟發展要求的新觀念。人的發展、企業的發
展、社會經濟的發展都離不開觀念創新，發展知識經
濟更離不開觀念創新。建立知識經濟依賴的技術創
新、制度創新、管理創新都要以觀念創新為先導。但
是，任何新觀念都是相對的，都是產生於特定的歷史
條件之下，而歷史條件都是不斷變化的。隨著歷史條
件的變化，原來的新觀念會變成觀念，甚至落後的觀
念，於是又要進行觀念創新，所以，觀念創新是一個

永無止境的過程。

　　在當今科學技術突飛猛進，知識經濟已現端倪的時代背景下，應樹立以下新觀念：

・知識價值的觀念

　　樹立知識價值的觀念，就是要充分認識知識的價值以及知識在創造價值中的重大作用，認識到知識在知識經濟條件下將成為起決定性作用的生產要素。然後將這樣的知識轉變成尊重知識、尊重科學、尊重人才，不斷學習知識，不斷創新知識的行動。

・人力資本觀念

　　樹立人力資本觀念，就是要認識到在知識經濟社會，企業的發展不只是依靠先進的設備、高超的技術，同時更要依靠那些具有很高智慧的人，知識經濟社會企業的資本不僅僅是金錢，還有比金錢更重要的是人才智力資本。從而注重開發人的潛在才能，真正做到尊重人才、愛惜人才。

・知識競爭優勢觀

　　樹立知識競爭優勢觀，就是要認識到在知識經濟時代，知識無論對企業還是對個人，其最重要的作用就是競爭優勢，是競爭取勝的法寶。誰學習和積累知識的能力越強，他獲得持續成功的可能性就越大。勞

倫斯‧普魯薩克指出：「唯一能給一個組織帶來競爭優勢，唯一持續不變的就是知道什麼，如何利用所擁有的知識和以多快的速度獲取新知識！」

・可持續發展的觀念

從整個社會來說，要處理好人口、資源、環境的關係，人口的成長要與經濟的發展相適應，不要掠奪性使用資源，經濟發展不能以破壞環境為代價。對企業來說，要區分「成長」與「發展」的不同含義。要防止以犧牲企業「長遠發展」的代價來換取企業「短期成長」的傾向。

■技術創新

・技術創新的概念

關於技術創新的概念，國內外學者有許多不同的解釋。

美國學者曼斯菲爾德認為：「一項發明，當被首次應用時，可以稱之為技術創新。」按照他的觀點，技術創新就是一種新的產品或它被首次引進市場或被社會所使用。

英國學者 V‧莫爾在《創新的企業文化管理》中指出，技術創新是技術製品的創始、演進和開發過程。

　　英國科技政策研究專家弗里曼教授認為，技術創新是指第一次引進某項新的產品、工藝的過程中所包含的技術、設計、生產、財政、管理和市場活動的諸多步驟。

　　英國經濟學家 P・斯通曼認為，技術創新是首次將科學發明輸入生產系統，並透過研究開發，努力形成商業交易的完整過程。

　　澳大利亞學者唐納德・瓦茨認為，技術創新是企業對發明或研究成果進行開發，並最後透過銷售而創造利潤的過程。

　　日本近代經濟研究會則將技術創新描述為：「生產手段的結合」。

　　經濟合作暨發展組織則認為，技術創新指產品的產出及其在市場上的商業化以及新工藝的產生及其在生產過程中應用的過程。

　　從國內來看，技術創新的概念在近些年來更引起了人們的關注，技術創新理論的研究和實踐活動已得到了蓬勃發展，許多學者和專家也就技術創新的概念進行了界定。

　　浙江大學許慶瑞教授認為，技術創新泛指一種新的思想的形成，得到利用並生產出滿足市場用戶需要

的整個過程。廣義而言，它不僅包括一項技術創新成果本身，而且包括成果的推廣、擴散和應用過程。

　　西安交通大學汪應洛教授認為，技術創新就是建立新的生產體系，使生產要素和生產條件重新組合，以獲得潛在經濟效益。

　　電子專家俞忠鈺認為，技術創新是科技與經濟的結合；是以技術為手段，滿足生產需要和促進經濟發展為目標，科技與經濟相互促進和轉化的過程，它既包含著技術的獲取與掌握，又包含著技術的擴散、轉移和滲透，還包含著市場開拓、售後服務以及改進翻新。

　　中國國家科委科技管理專家賈蔚文認為，技術創新包括某種新設想的提出，經過研究開發或技術引進，中間經驗、產品試製和商業化生產，直到市場銷售的全過程。

　　中國國家科委科技管理專家胡平則認為，技術創新是企業家抓住機會，重新組合生產要素，以獲得最大利潤的過程。

　　科技管理專家湯世國認為，技術創新是一個典型的高科技與經濟為一體的系統概念，它不僅關注技術的創造性和技術水準的進步，更關注技術在經濟活動

中的應用，特別是在市場中獲得的成功。

　　經濟學家李京文、鄭友敬亦將發明的第一次應用，稱之為技術創新。

　　西安交大李恒教授認為，透過對生產要素和生產條件進行新變革，並使變革成果取得商業上成功的一切活動。

　　可見，國內外學者從不同角度給技術創新賦予了不同的含義。綜合起來看，技術創新至少應包括以下三個方面內容：一是新產品的開發，二是新工藝的應用，三是新技術的發明、推廣和擴散。

・技術創新的特點

　　1.技術創新需要高投入。技術創新一般都需要很高投入，否則難以取得預期效果。發達國家在技術創新上的投入都比較高，自二十世紀八○年代以來，經濟合作暨發展組織成員國研究與開發（R&D）支出占國內生產總值的比重一直穩定在 2.3%左右。

　　2.成功的技術創新具有很高的收益。技術創新一旦獲得成功，其收益往往是很高的。據有關資料顯示，技術創新有 20%左右的成功率就可收

回技術創新的全部投入，並取得相應的利潤。
也正因為如此，世界上許多國家相繼建立了風
險投資銀行，向技術創新提供風險性貸款，促
進技術創新。

3.技術創新具有先進性或超前性，先進和超前是
創新的應有之意，如果沒有先進和超前，就談
不上創新。不具有超前性的技術創新是原有技
術的低級繁衍，難以生產出滿足變動中的市場
需求的商品，難以提高企業的競爭能力。只有
具有超前性的技術創新，才能使創新者占領競
爭的制高點，贏得競爭的勝利。

・技術創新與知識經濟的關係

技術創新與知識經濟是相互促進的關係，一方面
技術創新推動了知識經濟的形成和發展；另一方面知
識經濟使產品換代周期縮短，迫使技術創新的步伐加
快，也使技術創新更加複雜、更加跨學科，從而使競
爭對手走向合作，追求「雙贏」，進而加速全球技術創
新。

・技術創新的激勵機制

要加速一個國家的技術創新，必須建立有效的激

勵機制。在知識經濟條件下,技術創新的激勵來自產權激勵、市場激勵、政府激勵和企業激勵四個方面:

1. 產權激勵,就是透過建立完善的知識產權制度和專利制度,來明確和保護技術創新主體擁有技術創新的產權,使技術創新主體能從技術創新中獲取相應的收益,以抵補技術創新活動的投入。只有這樣,才能調動人們進行技術創新的積極性。

2. 市場激勵,就是透過建立完善的技術市場和知識產權市場,使技術創新主體在市場上獲得回報。因為市場對技術創新主體具有一種導向和激勵作用,這種激勵是透過市場對技術創新效果的「檢驗」來實現的。如果技術創新的成果能夠滿足市場需要,則技術創新主體就能從創新中獲取相應的回報;反之,技術創新的勞動就得不到社會的承認。這就促使企業以市場為導向不斷進行技術創新。

3. 政府激勵。由於市場存在固有的缺陷,使市場激勵並不完善,這就需要政府激勵來彌補。政府激勵的措施有如下幾點:

(1)對科技發展作出規劃，組織科技創新的人力、物力、財力，對技術創新的關鍵技術、重點技術、難點技術進行強化性創新，以提高本國技術創新水準。同時透過科技發展規劃，明確科技創新的方向，指導技術創新活動，協調企業行為，推動創新技術的產業化，獲得產業比較優勢，提高企業和國家的國際競爭能力。

(2)增加教育投入，發展教育事業，為技術創新奠定堅實的基礎。技術創新是由人去完成的，勞動者能否創新技術，關鍵取決於他們掌握的知識量和知識結構。沒有知識和優化的知識結構，就難以創新。

(3)制定科技政策推動技術創新，科技政策是透過對市場規劃的彌補來引導和推動技術創新的。

(4)提供資金援助，資金的缺乏是技術創新的一大障礙，為了排除這個障礙，政府一般採取兩方面的手段。一是建立科學基金，以科學基金來資助技術創新和發明創造；二是組建風險投資銀行，向技術創新企業、單位和個

　　人發放風險性貸款促進科技創新。

　　(5)建立高新技術園區並實行技術創新的優惠政策，促進技術創新（趙弘、郭繼豐，1998）。

　4.企業激勵。可以透過建立股份制企業，將技術創新成果股份化的方式對創新者實施激勵。

■**制度創新**

　　制度是組織運行方式的原則規定，是對其成員的權、責、利關係的合理界定。制度一般包括組織結構、權責劃分、運行規則和管理規章等。企業制度就是確定企業經濟關係的重要制度，主要包括產權制度、經營制度、管理制度等。

　　制度創新是指制度主體透過建立新的制度以獲得更高利益的活動。企業制度創新就是實現企業制度的變革，透過調整和優化企業所有者、經營者和勞動者之間的關係，使各方面的權利和利益得到充分的體現，不斷調整企業的組織結構和修正完善企業內部的各項規章制度，使企業內部各種要素合理配置，並發揮最大限度的效能。

　　企業制度創新對企業發展具有重大作用。

　　首先，適時的制度創新能夠使企業「趨利避害」，

「起死回生」。企業的外部環境總處於不斷發展變化之中，隨著世界經濟一體化、網路化格局的形成，企業比以往任何時候都更為開放，企業只有和外界保持良好的關係，才能經久不衰，站在發展的前沿；反之，若是企業體制僵化，創新不足，便會造成毀滅性的打擊。

舉世聞名的美國三大汽車公司之一的克萊斯勒公司。可以說是美國十九世紀後期建立起來的最大公司，曾享譽全球。但一度因體制僵化等原因，瀕臨破產邊緣，後來由於它們的領導人艾科卡按照新的原則和結構，改組了公司，如強化了公司的集中統一領導，大刀闊斧地精簡機構，削減人員，開源節流，建立新的財務、人事、銷售體制，才使公司從絕境中起死回生，並成為美國乃至當代汽車生產王國裏的「巨人」。

其次，制度創新是搞好企業各種管理的基礎，企業制度從廣義上講就是管理的制度化，管理本身便是強制性和共求性的統一，「寬嚴相濟」是做好管理體制的最根本辦法。為了使管理不斷創新，必須首先從體制、制度上為其開道。

再次，制度創新是技術創新、市場創新、產品創新的基礎。目前，我們結束了短缺經濟時代步入了競

爭時代，其特點便是創新已成為企業生存之本，尤其是隨著中國大陸對外開放腳步的加速，大型跨國公司不請自來，在這場角逐和較量之中，誰勝誰負關鍵在於創新。所以，中國大陸企業必須在經歷了「生產管理型」向「經營管理型」的轉型後，適時轉向「創新管理型」。形成有效的創新機制，將創新體現於企業制度當中，更好地發揮投資者、經營者、生產者甚至消費者創新的積極性。

　　最後，知識經濟時代，關鍵是人才的競爭，而發揮人才積極性的關鍵在於制度創新。告別了資源經濟時代，智力資源作為經濟發展中第一戰略資源，其作用比以往任何時代更為突出，知識經濟致力於透過智力資源開發來創造財富，逐步代替曾作為工業經濟命脈的已經短缺的自然資源。例如資訊科學技術的電腦晶片來自石頭，新能源和可再生能源科學技術的受控熱核聚變原料來自水中的氫。與此同時，對於稀缺自然資源可以透過知識和智力進行科學、合理、綜合、集約配置。所有這些，都需要對知識和智力進行開發和利用。然而，智力本身又不能獨立存在，而是存在於勞動者的大腦之中。人作為有感情的社會性動物，其情緒對智力的發揮具有極大的影響。如何發揮其積

極性、主動性、創造性，歸根到底要透過制度創新。

■管理創新

　　管理是指對社會再生產過程進行計劃、組織、協調、指揮、監督的總括。管理創新則是為了實現上述管理內容所採取的形式的改進與提高。但是隨著科技進步和知識經濟的到來，管理及其創新的含義更為深刻。管理不僅是計劃、指揮與監督，而主要是協調人與人、人與物、機構與機構的關係，發現和重組各種資源，激發各方面的積極性和主觀能動性，為全面實現整體目標而協同努力。而對管理創新應從如下幾方面去把握：

　　第一，在管理領域中，創新不只是一種職能，而是管理思想變遷所形成的新模式。具體地說，它不是把管理的創新理解為一種日常工作，而是對日常管理主持過程的「中斷」，是透過「創新」達到管理目標的行為。

　　第二，管理創新的目有不是一般地實行管理的目標和責任，而是發現「創新機會」。它可以為組織帶來潛在的利益。不創新就不能獲得這種機會。在此意義上，管理效率服從於管理效益。

　　第三，管理創新不是管理者隨意的主觀創造，而是受「創新成本」約束的活動。管理是有成本的，如果創新的「成本」很高或者「壟斷性」很低，一方面，即使有創新機會，由於成本約束也難以抓住；另一方面，由於「搭便車」使利益均衡化，會導致創新動力不足。

　　第四，管理創新的形式有很多，在管理系統各個要素中都可以進行創新，如制度、組織、激勵、績效、技術、文化等，但從根本上說，創新的目的是對管理資源或要素的重新構建，以獲得創新收益。因此，管理創新的「創新」區別一般意義上的「發明」，而是「新組合」的導入。不能把管理創新等同於「管理發明」。因此，在「管理創新」的視野中，不存在終身的「創新人」。

　　第五，管理創新的中心是「創新人」的產生。他不僅僅限於管理者或企業家。「創新人」的核心特徵是創新「實踐」，而不僅僅是「理論闡釋」。

　　根據上述理解，可以把「管理創新」理解為，為了在市場競爭中贏得管理優勢，重新組合管理資源，以更有效的管理行為，實現組織創新效益的過程（李京文，1999）。

　　隨著知識經濟的到來，管理內容和方式都應當創新，應實行「社會模式」管理。即在統一的目標下，允許個體和部分保留自己的目標與願望，要尊重人、尊重各分支的積極性。管理不在於去顯威風，更不主要是指揮、監督人，而主要是去協調各種關係，培養提高人力資源素質，將人力、物力、財力資源進行重新組合，使之創造更高的價值和效益。

第五章
知識經濟的法律保證：
知識產權

　　知識經濟要求知識創新，但知識創新必須有相應的法律環境來保護，這樣才能真正得到實現，而知識產權就是知識經濟或確切講是知識創新的法律保證。

一、知識產權的含義與特徵

　　知識產權（或稱智慧財產權）作為一個法律範疇，有著自己獨特的內涵與特徵。

(一)知識產權的含義

　　知識產權是指人們利用自己的知識用腦力勞動

所創造的智力成果依法享有的一種權利，它本質上是一種特定主體所依法專有的財產權，而且因其權利客體為人類在科學技術、文化等知識形態領域所創造的精神產品這一特性，而成為一種特殊的無形產權。按一九六七年七月十四日在斯德哥爾摩簽訂的〈世界知識產權組織公約〉，知識產權主要包含下列權利內容：

1.文學、藝術和科學作品。

2.表演藝術家的表演以及唱片和廣播節目。

3.人類一切活動領域中的發明。

4.科學發現。

5.工業品外觀設計。

6.商標、服務標記以及商號名稱和標誌。

7.制止不正當競爭權。

8.在工業、科學、文學或藝術領域由於智力活動而產生的一切其他權利。

知識產權通常分成版權（copyright）和工業產權（industrial property）兩大類。版權亦稱著作權，是指文學、藝術和科學作品的作者對其創作的產品所依法享有的權利。廣義的版權包括著作人身權、財產權和鄰接權。

　　著作人身權是指發表權、署名權、修改權、保護作品完整權；著作財產權是指作品的複製、表演、播放、展覽、發行、改編和攝製電影電視、錄製、翻譯、編導等權利；鄰接權則是作品傳播者所享有的權利，包括出版者權、表演者權、音像錄製權及廣播電台、電視台的權利等。

　　版權的保護對象是指：文學、藝術和科學作品，表演、錄音、錄影和廣播等製品，在此要特別強調的是，最近幾年來被許多國家列為版權保護對象的電腦軟體的著作權。將電腦軟體劃歸著作權進行保護的理由是：要開發成功一個功能強、通用性好的軟體，往往要花費幾年的時間和投入大量的人力、物力。一旦開發成功，它的使用、複製又極其方便，使用者不必瞭解軟體內在的結構就可使用。由於軟體在開發和使用上有如此強烈的反差，從而使得電腦軟體的非法複製非常嚴重。以電腦軟體產品最發達的美國為例，其市場上每一件合法銷售的軟體到少有五至十件非法複製品。據有關資料估算，美國僅此一項，每年至少損失八十億美元。

　　綜上所述，加強軟體的法律保護已是各國政府迫切需要解決的問題。強化軟體的法律保護已是發展軟

體產品必不可少的社會環境和條件，它可以保護開發者的合法權益，合理調整軟體發展、生產、流通和服務中的各種社會關係，有效預防在開發利用軟體技術活動中的違法犯罪活動。

工業產權是產權活動中的知識產權所有人對其創造權的智力成果依法享有的一種專有權，包括專利權、商標權，和制止不正當競爭權。「工業產權」這一術語早在十八世紀的法國就已出現。一八八三年始訂於巴黎，一九六七年最後修訂於斯德哥爾摩的〈保護工業產權巴黎公約〉將工業產權的保護對象規定為：發明專利、實用新型專利、工業品外觀設計、商標、服務標記、廠商名稱、貨源標記（產地標記和原產地名稱），以及制止不正當競爭。

專利權是國家專利主管部門依據專利法授予專利權人（發明人或合法申請人），以某項發明創造在法定期間內所享有的一種獨占權或專有權，未經專利人許可，他人不得利用該專利技術。能獲得專利的發明一般都必須是有新穎性、技術先進性和實用性，專利權主要包括製造、使用、銷售、進口、轉讓和許可他人使用等權利。此外，還可包括禁止、放棄和標記等權利。

　　商標是對商品或服務的特別標記，商標權即是商標所有者對獲得法律確認和保護的商標所享有的權利，它主要包括商標專用權、禁止權、續展權、轉讓權，和許可使用權等。

　　反不正當競爭權是一種禁止經營者以不正當競爭手段損害其他經營者利益的權利。就知識產權方面而言，它包括知識產權所有人依法享有的制止他人損害其利益的不正當競爭手段或行為的權利。其專利內容主要涉及到商業秘密權以及商品樣式、商品包裝方面的專用權（李京文，1998）。

(二)知識產權的特徵

　　知識產權有以下幾項基本法律特徵（王健，1998）：

1. 知識產權是一種無形財產權。和具有固定形態的物質財產權不同，知識產權的權利客體是非物質的、無形的，它通常透過一項文件對它描述（如專利），或者一個標記（例如商標或原產地標記），或者透過文字、符號、圖象（例如一本書、一首歌）等來管理，故又稱知識產權為

　　無形財產權。

2.知識產權是依法申請並依法賦予的一種權利。
　知識產權不是人們固有的一種權利，因而並不
　是所有的人都享有這種權利。只有當國家制訂
　了知識產權法，並規定了具體授予的條件程
　序，發明人或創作人才能依據有關規定提出申
　請，經過國家有關當局審查、批准後，才能獲
　得這種權利。正因為如此，知識產權就具有了
　合法性、獨占性、地域性和時間性等最基本的
　特徵。所以，任何一項知識產權都是依照某國
　法（某地區條約、協定）賦予的，只在該國家
　或地區內有效，且只有在一定期限內才有效。

3.知識產權的權利主體是自然人、法人或非法人
　組織。自然人因其製造完成的智力成果而成為
　知識產權主體；法人或非法人組織因其工作人
　員的職務發明創造而成為知識產權的主體。

4.知識產權的權利客體是智力成果，即科學、技
　術、文化成果。目前，知識產權所涉及的領域，
　或說知識產權法所保護的範圍越來越廣泛。

二、知識產權在知識經濟中的作用

知識產權在知識經濟中扮演著一個舉足輕重的角色。

(一)知識產權有利於鼓勵知識和技術創新

知識經濟要求知識和技術不斷創新，而要使知識和技術不斷創新，必須創造相應的法律環境來實現和保護創新主體的應有利益，只有這樣，才能提高人們不斷進行創新的積極性，而做到這樣的方法是建立知識產權。如果沒有建立知識產權，任何人在任何時候都可以無償地使用別人的發明創新，必然使知識和技術的創新主體不能從自己的創新中得到相應的特別利益，這就失去了進行創新的動力[1]。而建立知識產權就能改變這種狀況，它能以法律形式保障創新主體在一定時期內擁有排他性的專利權，抑制了他人對創新成果的無償使用，任何要生產、銷售某種專利產品或使用由知識所創造的其他諸如著作權、工業產權、無法定專有權的秘密技術等，都必須得到有關的知識產

權的擁有人許可並支付使用費。這就使創新主體的勞動消耗或資金消耗能夠得以收回或獲利，並使專門從事知識和技術創新的工作成為一種有利可圖的謀生職業，從而極大地提高人們從事知識和技術創新的積極性。

(二)知識產權能促進科技成果及時而廣泛的應用

知識經濟要求科技成果被及時應用和推廣。而在知識產權沒有確定之前，人們處於競爭的需要，總是傾向於對自己的發明創造特別是關於某種產品的製造技術嚴加保密，從而導致科技資訊傳播的遲滯，極不利於發明創造的及時推廣應用和經濟與社會的發展，在知識產權確定之後，發明製造的完成人或特有人要取得發明創造的專利權，就必須將其發明創造的內容向社會公開。這就使得科學技術資訊得以迅速傳播，任何需要採用該項發明創造成果的人，都可以及時以合適的代價取得使用許可，而且一般說來，發明創造的許可使用越快、越多，對於發明創造的完成人或持有人越有利。這兩方面積極性的結合，極大的促進了科技成果的商品化，有利於及時擴大科技成果在實際

生產領域中的應用，有利於迅速轉化為現實生產力，
促進經濟和社會進步。

(三)知識產權有利於促進科研專業隊伍的形成

　　發展知識經濟需要實力雄厚的科研開發的專業
隊伍。在知識產權確定之前，由於沒有形成發明創造
成果實行有償使用、許可或有償轉讓專利申請權與專
利權的機制，發明創造的完成人除非自己使用，否則
就根本不能取得收益，使發明創造工作只有依附於實
際生產才能成為謀生手段，而一旦發明創造的完成人
自己直接投資生產過程，他就不可能再有充裕的時間
或充沛的精力再從事發明創造，這就制約了發明創造
專業隊伍的形成，影響科學技術的發展。在知識產權
制度確立以後，發明創造成果的有償許可使用，專利
申請權和專利權的有償轉讓機制的形成，使科技成果
本身成了一種能獲利的商品。於是從事發明創造工作
也就成為一種能夠賴以謀生的職業，這就促進了科技
研究開發專業隊伍的形成，從而極大地推動了科學技
術的發展。

(四)知識產權有利於縮短科技進步的周期

在知識產權確立之前，電子發明創造成果的完成人或持有人的保密傾向，導致科技資訊傳播遲滯和許多家傳秘方、家傳絕技失傳，致使許多科技成果需要人們重新研究開發，從而造成科研開發方面的重複勞動，造成人力、財力、物力和時間上的浪費。在知識產權建立以後，人們可以透過公開發明創造的內容而申請專利。這一方面避免了他人在同樣的發明創造方面的重複勞動，節省了人力、物力、財力和時間；另一方面又可以使他人在已公開的發明創造的基礎上，及早進行新的發明創造，從而極大地加快科技進步的速度。

三、知識產權法與國際保護

知識產權法是調整著作權、專利權、商標權、發現權、發明權和其他科學技術成果權關係的法律規範的總稱。知識產權法主要由三部法律構成，即專利法、商標法和著作權法。

　　專利法的主要內容：規定專利法的保護對象為發明專利、實用新型專利和外觀設計專利；專利局為主管機關；授予專利權的條件為具有新穎性、創造性和實用性；專利的申請及審查批准程序；專利權人的權利和義務；專利保護期限，發明專利為二十年，實用新型專利和外觀設計專利為十年；侵犯專利權的法律責任。

　　商標法的主要內容：規定商標局為主管機關；經商標局核准註冊的商標為註冊商標；註冊人享有商標專用權，除某些商品如人用藥品及煙草製品等必須使用註冊商標外，實行自願註冊制；不得用作商標的文字和圖形；商標申請、審查、核准程序；註冊商標的續展、轉讓和使用許可；設立商標評審委員會，裁定註冊商標爭議；商標使用的管理；侵犯商標專用權的法律責任；對外國人在中國申請註冊商標實行國民待遇原則。

　　著作權法的主要內容：規定著作權保護範圍，除文學作品外，包括口述作品、音樂、戲劇、曲藝、舞蹈、美術、攝影、出版、電視、錄音錄影作品及電腦軟體和民間文藝藝術；著作權管理機關及其職權；侵害著作的法律責任；著作權的保護期，一般著作為作

者終身及死後五十年。

知識產權是人們以自己腦力勞動創造的精神財富所享有的權利。它是商品經濟的產物，又對商品經濟的發展和市場經濟正常秩序的建立起著巨大的促進作用。從某種意義上講，沒有知識產權，就沒有人類今天的現代生活。從對知識產權國際保護的發展歷史來看，它是緊緊地和國際貿易的發展以及國際間科學技術的合作與交流相聯繫的。因此，任何一個國家要進入目標市場，引進國外先進科學文化技術，或把自己的科學文化技術輸往國外，都必須考慮對知識產權的保護，並遵守國際上對知識產權保護的一些共同準則和慣例。隨著經濟時代的來臨，科學知識、科學技術與經濟的結合更加緊密，使得知識技術產業正成為對國民經濟高成長、高效益起帶動作用的支柱產業。而發展這一產業就必須依靠技術創新，依靠科學技術這個第一生產力。知識產權不僅保護廣大知識分子的科技成果，而且可以促進科技成果儘快轉化為生產力，轉化為知識技術產業中的物質財富，促進知識經濟的發展[2]。同時，知識產權法對於促進國際間科學技術革新和文化教育的交流與合作，發展國際貿易，對於保障發展中國家進入世界經濟大市場，廣泛地引

進先進技術和對外出口技術，都會起到重大而積極的作用。

　　對知識產權進行國際保護是指一項發明、一個商標或一部作品依據某一國法律取得專利權、商標權或版權後，也可得到外國有關法律的保護。而在該外國也有專利權、商標權或版權等知識產權；或者依據國際條約及兩邊、多邊協定的規定，某項知識產權受兩個以上國家的保護。

　　為什麼會產生對知識產權的國際保護呢？主要因為：

1. 知識產權具有嚴格的地域性特點，各國知識產權立法只保護本國的發明創造、商標和作品。如果一項發明創造、商標或者作品要在本國享有權利的同時，也同樣能得到外國的法律保護，就必須依照有關國家的法律提出申請或者註冊。

2. 對外國的智力成果予以法律保護，授予專利權、商標權或版權，並不是各國對他國的一項必然義務。為了對知識產權進行國際保護，國家間則要締結雙邊或多邊的條約、協定，予以

確認和規定一系列保護的原則及制度。

3.隨著國際市場的形成及不斷擴大，對知識產權
的國際保護日益迫切，因此，自十九世紀末以
來陸續簽訂了一些保護知識產權的國際公約，
並相繼成立了一些國際性或區域性的國際組
織。

由於國外經濟貿易和科學技術交流得到迅速發
展，國際合作進一步加強，知識產權的作用更加突出，
因而對知識產權的國際保護也隨之加強，表現為以下
幾個特點：

1.區域性保護加強，有些地區甚至制定了統一的
國際保護制度。如歐洲一些國家不僅簽訂有〈歐
洲專利公約〉，它們還簽訂了〈共同體專利公
約〉。

2.原有的一些保護知識產權的國際公約正在作進
一步的修改和補充，以適應經濟發展的需要，
強化對知識產權的保護。如〈保護工業產權的
巴黎公約〉正在對專利部分予以修改，擴大對
專利保護的深度和廣度。

3.將知識產權納入關稅暨貿易總協定（GATT）的

框架內。以美國為首的發達國家與發展中國家
經過激烈爭論，終於一九九一年十二月基本達
成了〈與貿易有關的知識產權協定〉。這一協定
的達成，不僅反映了在現代國際經濟貿易中知
識產權的重要作用，也使關稅暨貿易總協定包
括的範圍更為擴展。

　　關於保護知識產權的國際公約，既有一些區域性
的知識產權的雙邊條約或協定，也有一些國際性的公
約，此外還有一些保護知識產權的雙邊條約或協定。
當前伴隨著知識經濟條件下以知識產權國際保護的加
強，國際公約的作用顯得日益突出和重要。
　　現在，國際性的保護工業產權的公約主要有：一
八八三年簽訂的〈保護工業產權的巴黎公約〉，一九七
〇年簽訂的〈專利合用條約〉和一九七一年簽訂的〈專
利國際分類協定〉，一九六八年簽訂的〈建立工業品外
觀設計國際分類羅迦諾協定〉，一九六一年簽訂的〈保
護植物新品種的巴黎公約〉，一九七七年簽訂的〈為專
利批准程序呈送微生物備案以取得國際承認布達佩斯
條約〉；一八九一年簽訂的〈商標國際註冊馬德里協
定〉，一九八九年簽訂的〈商標國際註冊馬德里協定有

關議定書〉，一九七三年簽訂的〈商標註冊條約〉，一八九一年簽訂的〈制止商品產地虛假或欺騙性標記馬德里協定〉，一九五八年簽訂的〈保護原產地名稱及其國際註冊里斯本協定〉，一九五七年簽訂的〈商標註冊用商品和服務國際分類尼斯協定〉，一九七三年簽訂的〈建立商標圖形要素國際分類維也納協定〉和一九八一年簽訂的〈保護奧林匹克會徽內羅畢條約〉等。一九九四年世界知識產權組織在日內瓦召開外交會議，討論通過了〈商標法律條約〉及其〈實施細則〉。可見，目前對保護工業產權的公約不僅數量比較多，而且保護的範圍也比較廣。其中，有些公約在國際上影響是很大的，參加公約的國家也比較多。例如〈保護工業產權的巴黎公約〉、〈專利合作條約〉、〈商標國際註冊馬德里協定〉等，中國也都先後加入了這些公約。

　　區域性的保護工業產權公約主要有：一九七三年，〈歐洲專利公約〉，一九七五年〈歐洲共同體專利公約〉以及一九六八年北歐國家芬蘭、丹麥、瑞典、挪威簽訂的〈北歐共同體專利法〉等。此外一九六二年非洲十二個法語國家也簽訂有〈非洲—馬爾加什工業產權協定〉，該協定於一九七六年改名為〈非洲知識產權組織〉，以後又於一九七七年對協定進行了修改，

通過了〈班吉協定〉；一九七七年非洲另外十九個講英語的國家又成立了「非洲國家工業產權組織」，並於一九八二年在津巴布韋的哈拉雷通過了〈哈拉雷議定書〉，決定對發明專利和外觀設計實行統一保護。關於保護版權的國際公約，屬於國際性的主要有：一八八六年簽訂的〈保護文學藝術作品伯爾尼公約〉和一九五二年簽訂的〈世界版權日內瓦公約〉以及一九六一年簽訂的〈保護表演者、錄製者及廣播組織羅馬公約〉，一九七一年簽訂的〈保護錄製者、防止錄製品被擅自複製日內瓦公約〉和一九七四年簽訂的〈播送人造衛星傳播載有節目信號布魯塞爾公約〉等。此外，還有一些區域性的版權保護公約，不過這些公約自〈世界版權公約〉簽訂以後，已不起作用。

　　國家間透過雙邊條約、協定對知識產權進行保護，只是作為補助性手段。採取這種方式，一般只是在雙方國家或一方未參加保護知識產權的國際公約，或就公約未能解決的某些問題必須有特殊協定時，才簽訂雙邊協定。這種協定又大都和通商航海、貿易等事項結合起來。例如，一九七四年中美貿易協定中就規定了一些保護知識產權的條款。以後，中美又就保護知識產權的某些問題簽訂了諒解備忘錄。

註　釋

[1]參見李京文，《知識經濟：二十一世紀的新經濟形態》，社會科學文獻出版社，一九九八年版。

[2]王健、田昕，《知識經濟一百問》，中國法制出版社。

第六章
知識經濟的產業與可持續發展

　　在知識經濟條件下，隨著知識經濟的逐步推進，產業結構將會有很大的變化，並且知識產業將逐漸上升為支柱產業。與此同時，知識經濟的成長速度與成長方式都會與傳統產業極其不同，其中，知識經濟的可持續發展將成為知識經濟的主旋律。

一、產業結構的變化與知識產業

　　產業結構是指一個國家或地區在社會再生產過程中，各產業之間的比例關係。過去經濟學將產業結構劃分為第一產業、第二產業、第三產業。第一產業

包括農業（指種植業）、禽牧業、林業、狩獵業和採掘業（有些學者將採掘業劃入第二產業）；第二產業包括各種加工工業，建築業以及水、電、氣的供應部門；第三產業包括商業、金融及保險業、運輸業、服務業、公務、其他公益事業和其他各項事業。

(一)知識產業與產業結構

隨著知識經濟的產生以及理論界對知識經濟的研究，理論界已經提出了第四產業的概念，這一概念已為越來越多的學者所接受。

第四產業是指知識產業，包括高科技產業、文化教育產業、智慧產業、管理產業和思想產業等。這些產業原來主要包含在第三產業之中，在知識經濟條件下，隨著這些產業的發展及其在經濟發展過程中的地位和作用的提高，將其從第三產業中分離出來有其合理性，它突出了知識經濟與工業經濟的區別。

知識產業具有知識密集程度高的特點。它以腦力勞動和智力型服務為基礎；在產品和服務中，知識含量高，智力附加值高；不僅生產實現自動化、網路化，而且管理也實現自動化、網路化，從而知識投資對經濟成長越來越重要。知識產業可以把科學認識的變革

和物質生產中的變革有機結合起來，使科學變成社會直接生產力，科技作為第一生產力在知識產業中體現得最突出，涉及和擴大的影響作用也最突出。知識產業需要大量的知識儲備，知識的占有量要遠遠大於知識的使用量，亦即二者的比差大。知識產業需要教學、科研機構和高新技術部門在高新技術研究、新興產業開發、提高教育水準等方面，建立廣泛聯繫與密切合作，它覆蓋面廣，輻射力強，透過腦力勞動產生思維、智慧、精神、資訊等無形產品，滿足人們文化或物質生活的需要。所以這些，都與以體力勞動為基礎、以經驗組織管理生產不同，與勞動密集型產業、資金密集型產業不同，標誌著產業的進一步升級，反映了人類生產、生活活動邁進了一個新的階段（孫錢章，1999）。

(二)影響產業結構變動的因素

■科技發展水準

　　從歷史上看，第一、二、三產業依次出現重點轉移，體現著產業結構的進化和升級，這一過程是科技進步推動的（孫錢章，1999）。在科技水準很低的情況

下，第一產業占優勢。隨著科學技術發展水準的提高帶來工業化的實現，第二產業取代了第一產業的優勢地位。隨著科學技術進一步發展，使工業勞動生產率獲得極大提高，第二產業對勞動力的需求不斷減少，勞動力不斷向第三產業轉移，促進了第三產業的發展，使第三產業取得優勢地位。隨著以資訊技術為代表的高新技術發展，人類正在進入知識經濟時代，此時知識產業即第四產業將取得優勢地位。以微電子、電腦、軟體通訊技術為主導的資訊技術革命，正迅猛改變著人類社會。資訊技術在世界新技術革命中，不僅作為一項獨立的技術而存在，還廣泛滲透於各個高科技領域以及生產、經營、管理等過程，成為它們發展的基本依據和重要手段。

■國家經濟政策

　　國家可以透過財政政策和貨幣政策（具體包括稅收政策、直接投資、優惠貸款、技術貿易保護等政策）來推動產業結構的調整。在實際執行中，不同國家有不同的模式。如日本主要採用間接干預的方式和手段，促使產業政策的實現，在五〇年代，日本制定了「產業合理化」政策，重點扶植基礎產業；六〇年代，

重點轉向扶植化學工業；七○年代，提出發展知識密
集型產業；八○年代，提出以「創造性知識密集化」
作為產業結構發展方向，使以尖端技術為中心的知識
密集產業成為日本的主導產業。再如，美國實行以市
場調節和市場配置資源為主，加上彌補市場的補救性
政策，形成產業的自我調整機制。如美國為了增強新
興工業的競爭力，美國政府既採取賦稅優惠，增加軍
事訂貨等直接支持的辦法，還透過撥鉅款發展科學和
教育，提高勞動力素質等辦法，為新興工業的發展創
造優越條件。在九○年代，美國推出了「資訊高速公
路」計畫。柯林頓總統在其二○○○財政年度預算提
案中，呼籲國會繼續增加科研投入，其中建議將資訊
技術研究投入增加 3.66 億美元，增幅高達 28％。

■居民收入水準

　　隨著居民收入水準的提高，居民在生活必需品的
消費得到滿足之後，會產生對享受資料、發展資料的
要求，使需求層次不斷提高，而這種市場需求層次的
變化能引導產業結構的變化。

■國民的文化素質

　　在相同的收入水準下，國民的文化素質越高，對

知識產品的需求就越大，從而知識產業的發展速度就越快。

(三)知識經濟條件下產業結構的變動趨勢

知識經濟條件下產業結構的變動趨勢可歸納為以下幾點：

1.第四產業（知識產業）將得到快速的發展，並將成為知識經濟的支柱產業。知識經濟之所以成其為知識經濟，關鍵就在於第四產業的發展。或者說，是知識產業的發展引發了知識經濟的產生，在知識經濟條件下，不僅知識產業發展了龐大的獨立產業，而且知識產業的成果正在向其他各個產業滲透，這一方面提高了其產業成果的知識含量和技術含量，另一方面還使其他產業的進一步發展依賴於知識產業的發展。

2.傳統第三產業（服務業）將會被第四產業的成果所改造，以電子化、資訊化為主導的高新技術將大量地替代傳統服務業中的手工、體力及簡單的腦力勞動，使被改造後的第三產業以現

代化產業的新面貌出現，它在國民經濟的地位
與第一、二產業相比會不斷提高。

3.第一、二產業中，將不斷產生高科技密集型產
業，而且它們將得到迅猛發展。當代科學技術
革命的重要特徵之一，就是新技術、高技術成
群成批地出現和發展，新技術開發浪潮持久不
衰。隨著一種新技術的開發成功，就會生產一
種新產品，造成一個新市場，從而形成一種新
產業。隨著新技術和新產品之間、新技術和舊
產品之間的影響、滲透、結合，又會導致新產
業與新產業、新產業與舊產業滲透、結合為另
一種新產業。這些新產業都是知識、資訊、技
術密集型產業。

4.第二產業中的傳統製造業將經歷萎縮和技術改
造的過程。在高科技面前，傳統製造業（如鋼
鐵、石油、煤炭、紡織等產業）的發展受到了
嚴重挑戰，市場萎縮，產值下降，就業減少，
發展速度遠不如高新技術產業，被人們稱之為
「夕陽工業」。在現代社會，製造業仍是不可缺
少的工業基礎。更多的國家在製造業中引進高
新技術，對傳統的製造業實行技術改造，降低

生產成本，提高生產率，開發新產品，開闢新市場，使傳統製造業向著自動化、資訊化、電子化的方向發展。

(四)知識經濟對就業的影響

在知識經濟條件下，隨著高新技術的發展，勞動生產率的提高，資本對勞動力的需求存在相對縮小的**趨勢**，即某一個行業、某一個企業在其外延規模不變的條件下，勞動生產率的提高會引起就業人數的減少。但是，該行業的外延規模會不會不變呢？我們認為存在三種情況：一種是外延規模會縮小，如生產能力已經過剩的行業，將會有一個兼併、重組的過程，其外延規模必然會縮小；再如在產業結構調整和升級過程中，一些行業的社會需求逐漸縮小，引起其外延規模縮小。第二種情況是外延規模不變，主要是指那些市場供求基本平衡，在知識經濟條件下既不會被淘汰，市場需求也沒有擴大空間的產業。第三種情況是外延規模擴大，主要是那些朝陽產業，這類產業隨著社會經濟的發展，人們收入水準的提高，社會需求存在不斷擴大的趨勢。顯然在上述三種情況中，前兩種

情況存在對勞動力需求量的絕對減少，而第三種情況只存在資本對勞動力需求的相對減少，對勞動力需求的絕對量不會減少，而會增加。

　　以上分析的是知識經濟對已有行業就業的影響情況；另一方面，我們應看到，在知識經濟條件下，隨著知識和技術的不斷創新，將會不斷有許多新興的產業產生，這些新興產業將會提供大量的就業機會。如美國在發展知識經濟過程中，其高科技產業提供了大量的就業機會，如一九九七年，僅高科技行業就創造了二十四萬個高薪就業機會，其中23%在加利福尼亞——矽谷的發源地。預計到二〇〇五年，僅電腦資料處理業就將有十萬人工作。與此同時，也在向知識經濟前進的歐盟國家失業問題卻十分嚴重。一九九六年法國失業率為 12.3%，義大利為 12%，瑞典為 10%，德國為 9%，英國為 8.2%。歐盟國家的高失業率主要是由於傳統產業減人增效的內部調整造成的。而高科技產業同時提供了就業機會。如英國的矽沼——劍橋就為周圍地區提供了三萬個就業機會，那裏的失業率只有 3.5%，不到英國失業率的一半，已經是充分就業了。雖然在經濟合作暨發展組織國家內，製造業部門的就業在減少，但在從電腦產業到藥品製造業等

高科技和以科學為基礎的部門裏，工作崗位都在增多，這些部門與低技術行業（如紡織和食品加工業）相比較，需要技術熟練程度高的人員，而且工資也更高。

　　發展中國家的情況和發達國家很不相同。發展中國家進行的經濟結構調整，實際上是發達國家在五○年代就已經完成了的事情，主要是用新技術淘汰上個世紀的舊技術，改進管理。對於中國大陸，還有從計劃經濟向市場經濟轉軌問題，失業主要是由於這些原因造成的，與高科技產業化的關係很小，高科技產業的成分還太低。事實上，發展中國家的高科技產業化和發達國家一樣，也創造了就業機會。如印度軟體業在國內外為印度人提供了二十六萬個高薪就業機會，加上輔助人員則不少於五十萬。台灣新竹園區已提供了六萬個就業機會（孫錢章，1999）。

(五)知識經濟條件下就業結構的變動趨勢

　　就業結構作為產業結構的一部分內容，其發展變化與產業結構變化相一致，反映了由於產業結構演進對勞動力資源需求的變化。知識經濟的興起必然引起勞動力的結構性轉移。在農業經濟向工業經濟演變的

過程中，隨著經濟發展和人均國內生產總值（GDP）
的提高，勞動力首先由第一產業向第二產業移動，當
人均國內生產總值提高到一定水準，勞動力便再次向
第三產業移動。到工業經濟的高級階段——後工業社
會，第三產業的勞動力快速成長，對國內生產總值的
貢獻緩慢升高，經濟成長由第二、三產業共同移動。
在工業經濟向知識經濟演變過程中，第二產業的勞動
力和占國內生產總值相對比重都呈下降趨勢，而第三
產業的勞動力和占國內生產總值相對比重呈不斷上升
趨勢，特別是隨著第四產業的興起和發展，勞動結構
會發生大規模轉移和出現「結構性失業」。即隨著傳統
工業結構性調整，勞動力將大量從傳統工業中退出，
但是因新興產業的知識含量高，轉移出來的簡單勞動
力無法很快適應新的工作崗位，造成「結構性失業」。

　　在工業化進程的不同階段，勞動力在產業間的分
布結構的變化速度是不同的。經濟發展越迅速，經濟
結構演變越猛烈，其就業結構變化速度也就越快。當
代科學技術革命所造成的新型生產力、新型生產方式
導致了新型的就業結構。知識經濟就業結構的變化可
以概括為以下幾點：

1. 全部人口就業率的比重將會大大提高，就業對
   人口年齡、性別的限制會有所鬆動。隨著對經
   濟全球化，勞動力資源可自由流動，雇主會更
   注重勞動力的素質。

2. 經過知識化改造的一次產業將仍然是基礎產
   業，但從業人數減少。傳統製造業隨著自動化、
   資訊化、電子化程度的不斷提高，對勞動力就
   業人數的需求不斷減少。服務業自動化、資訊
   化、電子化也使得服務業減少了對就業人數的
   需求，但是由於服務業在門類、規模上的迅速
   擴大，服務業就業人數在總體上呈現出不斷上
   升的發展勢頭。第四產業的勞動力將會迅速密
   集。

3. 傳統的體力勞動型的就業崗位（藍領工人崗位）
   減少，技術型、腦力勞動型的就業崗位（白領
   工人崗位）增加。就業率成長速度最快的是電
   腦程式員和系統分析員、電子工程師、會計師、
   律師及醫生等。

4. 全日制就業機會在減少，非全日制就業機會在
   增多。車間自動化、工廠自動化、辦公室自動
   化都減少了全日制工人的需求量，而電子電腦

等現代資訊設備又為人們在家工作、電信上班
創造了條件，於是實行彈性工作制的人數不斷
增加。

5.社會職業集團從工業時代的主要從事體力勞動
的藍領產業工人所組成的集團，正在演變為擁
有知識、技術、專業且從事技術性、資訊性、
智力性職業的白領工人的職業集團，社會職業
集團的這種巨大變化將對現代社會產生極為重
大而深遠的影響，使得現代化社會以不同於近
代社會的特點和規律向前發展（孫錢章，
1999）。

(六)知識經濟條件下投資結構的變動趨勢

知識經濟條件下投資結構的變動，是一個動態優
化過程。所謂動態優化過程，是指在知識經濟條件下，
科學技術不斷發展，新興產業不斷產生，產業結構不
斷變化，這會引起投資的產業部門比例關係不斷變
化，這就使得在一定時期是較優的投資結構，在另一
時期就變成不適當的投資結構了。但是市場機制會不
斷改變投資者的行為，使投資結構趨於優化，在這一

過程中，政府的宏觀調控政策也會產生較大作用。因此，從長期來看，投資結構的變動與產業結構的變動是趨於一致的。具體來說，知識經濟條件下投資結構的變動趨勢主要體現在以下幾方面：

1.從淨投資與重置投資的比例來看，重置投資所占比重有增加趨勢，因為在知識經濟條件下科學技術發展速度非常快，機器設備更新換代的周期不斷縮短，這就迫使企業加速固定資產的折舊，引起重置投資的比重提高。

2.從投資的產業結構來看，第一、二產業的投資所占比例存在縮小趨勢，第三、四產業的投資所占比例存在擴大的趨勢。

3.從投資的技術結構來看，傳統技術的投資所占比重會不斷縮小，高新技術的投資所占比重會不斷擴大。

4.從投資主體結構來看，國家投資所占比重會趨於縮小，私人投資所占比重會趨於擴大。

二、知識經濟的可持續發展

經濟成長是指一個國家或地區在一定時期內由於就業人數的增加、資金的積累、產業結構優化以及技術進步等原因，引起的經濟規模在數量上的不斷擴大。衡量經濟成長的指標主要有國民生產總值（GNP）及其成長率，國內生產總值（GDP）及其成長率，國民收入總量及其成長率等。

(一)知識經濟條件下，經濟成長的特徵

在知識經濟條件下，經濟成長具有以下特徵：

■知識是經濟成長單個因素中最關鍵的因素，是經濟成長的主要來源

在工業經濟條件下，經濟成長依賴於自然資源的開發，由於自然資源的有限性，過度開發會破壞生態環境，使經濟成長受到嚴重制約。而在知識經濟條件下，透過知識和技術創新來發展教育，提高勞動者素質，改進生產方式、生產工藝和生產設備，節約資源，

創造出新型材料，這樣就能實現經濟持續成長。

■人力資源是知識經濟成長的依託

雖然知識是經濟成長的主要來源，但知識在很多情況下並不能直接轉化為經濟價值，而要透過教育和自學存入個人的大腦中，再透過掌握了知識的人的勞動，將知識轉化為經濟價值。也就是說，知識首先需要「人化」，然後才能「物化」為經濟價值。而知識的「人化」過程也就是培養和開發人力資源的過程。所以，人力資源是知識經濟的依據。

■知識經濟成長以高科技產業和智力產業為主導產業

知識經濟的產生和發展同時創造出新的經濟成長點。高科技產業和智業，都是以消耗勞動者智力為主而不是以消耗自然資源和資本為主的產業。高科技產業是技術創新的結果。智業是滿足社會分工和產業發展需要產生的。高科技產業直接提供知識含量豐富的物質產品，智業為企業的發展提供創意、策劃、規劃等服務，共同為經濟成長作貢獻。與此同時，傳統的農業、工業要融入先進的科學技術，維持其平穩成長。進一步說，知識經濟條件下，高科技產業、智業

是主導產業，同時農業和工業也是被先進科學技術改
造的知識化的農業和工業（趙弘，1998）。

■知識經濟的成長規模傾向於全球化

　　世界性資訊網實現了電子電腦化，並透過電子電
腦控制的通訊中心、通訊衛星作仲介，實現了便捷的
資訊傳輸。隨著全球資訊網越來越多，世界貿易量與
資訊的流通量同步成長。目前，有45%的貿易額是跨
國界的，各國的經濟往來顯示出不斷增大的趨勢。世
界各國可以共同參與知識和資訊的生產並分享成果。
發達的資訊經濟使全世界結成一個相互聯繫、日益緊
密的整體，經濟成長在全球範圍內展開。成長規模的
另一種傾向又表現為分散化和小型化。由於完善的資
訊網允許人們在空間上分散的形式下，建立起日益緊
密、相互密切聯繫的系統。因此，為適應資訊的更新
變化，人們將傾向於把大型的經濟組織分解成一些相
對獨立的小型組織，靈活地從事經營活動，使經濟組
織在成長中透過分散後的再擴大，不斷適應環境的變
化。總之，資訊網的建立和資訊迅速流通，使世界經
濟結成一個整體，而資訊的瞬息萬變又使經濟單位小
型化，經濟活動分散化，並透過密集的資訊網，又將

分散的小單元結成整體（孫錢章，1999）。

(二)決定知識經濟成長的因素

■教育發展水準

　　教育發展水準是決定知識經濟成長的基礎性因素：

1.教育發展水準越高，培養的人才就越多，人才受教育的程度也越高，從而創造經濟價值的能力就越強。

2.教育部門也是直接進行知識創新的部門，因而教育發展水準越高，也表明知識創新的速度越快。

3.教育發展水準越高，學校培養的具有知識再創新能力的人才就越多，社會總體的知識生產能力就越大。

4.教育發展水準越高，國民受教育的面越廣，國民總體的科學文化素質就越高，社會對知識產品的需求量就越大。

■人力資源的開發、利用和管理水準

　　教育的發展能夠解決人力資源的供給問題，在人力資源供給相同的條件下，經濟的成長就依賴於人力資源的開發利用和管理水準。如果能建立完善的激勵機制，充分調動人才的積極性，真正做到人盡其才，無疑會對經濟的成長產生很大的促進作用。

■知識和技術的創新能力和速度

　　知識和技術的創新能力和速度是決定知識經濟成長最直接最主要的因素。知識和技術的創新成果經過「人化」和「物化」兩個過程之後，不僅能大大提高已有產業的勞動生產率和經濟效益，還能不斷開闢出新興產業，而在開闢新興產業的過程中，它既創造了大量的供給，又創造了大量的市場需求。

■政治經濟環境

　　一個國家的經濟成長還受制於特定的政治經濟環境。這裏的政治環境包括社會制度、社會治安、政府的政策和國際政治關係等。經濟環境包括基礎設施、自然資源、產業結構、國際貿易關係等。如果一個國家有良好的政治經濟環境，包括先進的社會制

度，穩定的社會秩序，科學的政策，和平的國際政治關係，先進的基礎設施，豐富的自然資源，優化的產業結構，開放而又公平的國際貿易關係，那麼在其他情況不變的條件下，該國的經濟成長速度會大大加快。

(三)知識經濟開闢了通向可持續發展的道路

■可持續發展概念的提出

人類社會發展的進程是人類認識自然，改造自然乃至「戰勝」自然的過程。這一過程的結果是：一方面創造了人類文明，另一方面對大自然進行了掠奪和破壞。人類對自然的過度掠奪，受到了大自然的報復：大氣污染、水污染、酸雨等威脅著人類健康，水土流失、土地鹽鹼化、荒漠化、洪水汜濫、河流淤塞、改道和決口危及著人類生存，並且已經和正在奪去很多人的生命。人類經過無數的教訓，多少個世紀的探索和努力，終於認識到：經濟的發展不能以犧牲人類生存的環境為代價，人類應當在不超出支持它的生態環境系統的承載能力的前提下，改善自己的生活品質，處理好人口、資源、環境的關係，走可持續發展的道路，實現生態、經濟和社會良性循環。

　　一九七二年在瑞典首都斯德哥爾摩召開的人類環境大會，表明人類認識到環境保護與社會經濟發展相協調。八〇年代初，聯合國機構提出了「持續發展戰略」。一九八七年聯合國環境與發展世界委員會發表了〈我們共同的未來〉宣言，明確指出「可持續發展」就是滿足當代人需求又不損害後代人需求的發展。這個宣言的誕生標誌著可持續發展觀的正式形成，表明人類對自身發展規律有了深刻的認識：人類將從以大量消耗資源和犧牲環境為代價的工業經濟發展模式，轉變為透過依靠科學技術實現人與自然、人與環境相協調的知識經濟發展模式；為了實現這種可持續發展，必須大力發展科學技術，發展高科技產業，把經濟的發展建立在知識的生產、傳播與分配這一強大的基礎上，進而推動社會經濟形態由工業經濟形態進入知識經濟形態這樣一種可持續發展的經濟形態。

■知識經濟將引起經濟成長方式在高層次上實現轉變

　　轉變經濟成長方式是指經濟成長由粗放型向集約型轉變。但這裏的「集約」不是一個絕對的概念，而是一個相對的動態概念。根據「集約化」程度的不同，轉變經濟成長方式可以分為許多層次，中國大陸

經濟學家李京文在《知識經濟概論》一書中，將轉變經濟成長方式分為四個層次：

第一層次是用機器代替手工勞動。這是第一次技術革命和產業革命的任務。在中國農業和服務業中，還有許多手工勞動，需要幾十年的時間才能完成用機器取代他們的任務，在經濟成長方式這個轉變時期，產品的價值結構變化的趨勢是物化勞動的比重提高，活勞動的比重降低。

第二個層次是用電動機代替蒸汽機，這是第二次技術和產業革命的內容，例如在鐵路上用電力機車代替蒸汽機車。在這個轉變時期，技術進步不僅節約活勞動，而且節約物化勞動，在產品價值結構中物化勞動比重的提高不再是一種趨勢，生產資料優先成長不再是一條規律，物化勞動和活勞動比重的變化與生產周期處於何種階段有密切關係。

第三個層次是用高新技術代替第一、第二產業革命的技術，在這些技術中發展最快、經濟前景看好的是電腦、新能源、新材料、雷射、航太、海洋等等。

第四個層次是以生物工程和電腦網路為代表的現代技術，生物工程不僅將使農業和醫療發生革命性的變革，而且可以實現「工廠造人」的奇蹟；人類創

造網路，網路改造世界，政治、經濟、軍事、科技、文化、教育、醫療等等都將上網。

在知識經濟條件下，經濟成長方式的轉變是在第三、第四個層次上的轉變。實現了這個轉變，知識就變成了對經濟發展起決定性作用的新能源，也變成了能積聚財富的重要資本。關於這一點，可用以下事實來加以證實。農業經濟時代的首富是聚斂土地最多的莊園主，工業經濟時代的世界富豪是石油大王、汽車大王；在知識經濟時代微軟公司總裁比爾‧蓋茲依靠經營電腦軟體——視窗系統而成為世界首富。過去全球前十位大富豪中有八位是靠石油發家的，而到一九九七年，世界六大富豪中有五位是靠經營電腦或電腦軟體發家的，他們成功的奧妙在於經營知識。

在知識經濟條件下，由於知識對經濟發展起著決定性的作用，加上知識又是一種具有積累性、非消耗性、可增值性的取之不盡的資源，這就大大減輕了有形自然資源的稀缺性對經濟發展的制約作用，從而使經濟獲得了持續快速發展的廣闊空間。

■科學文化水準的提高能有效控制人口成長

在知識經濟條件下，隨著教育的普及和發展，國

民科學文化素質全面提高，人們就能樹立正確生育觀
念，放棄「多子多富」的觀念，就能實現「要我少生」
向「我要少生」的轉變。中國大陸在實行「計劃生育」
政策過程中，城鎮人口出生率能很快降下來，而農村
人口出生率曾一度居高不下，這種差異在很大程度上
是城鄉居民科學文化素質的差異造成的。

■知識經濟條件下的高新科學技術能極大提高資源利用效率

　　科學技術水準的提高，可以用相同的資源生產更
多的產量，或者生產相同的產量需要消耗的資源減
少。從中國大陸十二種原材料的國民生產總值消耗強
度與發達國家對比看，中國大陸原材料消耗強度比發
達國家普遍高出五至十倍，中國大陸噸鋼綜合能耗為
1.5 噸標準燃料，比美國高一倍，是日本的 2.5 倍。中
國大陸供電煤耗每千瓦時消費 471 克標準煤，比美、
日、德、俄高 20%至 30%。如此大的資源消費差距都
是科學技術的差距造成的。因此，中國大陸透過提高
科學技術水準，能大大提高資源的利用率，中國大陸
在這方面可挖掘的潛力非常巨大。在知識經濟條件
下，科學技術發展速度更快，各種能提高資源利用率

的高新技術會不斷產生，使資源有限性對經濟發展的
制約作用進一步減弱。

■知識經濟條件下，人類保護生態環境的能力將大大提高

之所以要保護生態環境，是因為環境有如下三大
作用：

第一，環境是人類從事生產的物質基礎，也是各
種生物生存的基本條件。環境整體及其各組成要素都
是人類生存與發展的基礎。以一九九二年為例，該年
度全世界共採掘煤炭 43 億噸，原油 29 億噸，利用土
地資源生產穀物 19.5 億噸、大豆 1.1 億噸、棉花 0.18
億噸，可以說，地球上各種經濟動力都是以這些初始
產品為原料或活動開始的。環境資源的多寡也決定著
經濟活動的規模。二戰以後，世界經濟快速成長，各
種資源的消耗量也幾乎同步成長。

第二，對人類經濟活動產生的廢物和廢能量進行
消納和同化（即環境自淨功能或環境容量）。經濟活動
在提供人們所需產品時，也會有一些副產品。限於經
濟條件和技術條件，這些副產品一時不能被利用而被
排入環境，成為廢棄物，轉化這些廢棄物的過程稱為

環境的自淨作用。如果環境不具備這種自淨功能，千萬年來，整個世界早就充斥了廢棄物，人類將無法生存。

第三，提供舒適性環境的精神享受。環境不僅能為經濟活動提供物質資源，還能滿足人們對舒適性的要求，清潔的空氣和水既是工農業生產必需的要素，也是人們健康愉快生活的基本需求。全世界有許多優美的自然和人文景觀，如中國的張家界、埃及的金字塔、美國的黃石公園，每年都吸引著成千上萬的遊客。優美舒適的環境使人們心情輕鬆、精神愉快，有利於提高人體素質，更有效率地工作。經濟越成長，對於環境舒適性的要求越強。因此，保護環境，控制與減少污染，是保證人類社會可持續發展的重要條件。

環境污染從根本上來說，是由於人類向自然索取的資源超過了資源本身及其替代品的再生速度，和向環境排放廢棄物的數量超過了大自然的自淨能力造成的。其中有客觀上的原因，也有技術上的根源。在知識經濟條件下，人類有能力依靠科學技術從如下幾個方面減少與控制生態環境污染。

第一，建立無廢少廢的循環生產工藝，實現生態化。傳統的生產工藝公式是「原料—產品—廢料」。現

在，有些國家已利用現代科技成就，嘗試建立封閉循環工藝。如有的石油化工企業，水的循環使用達 96% 至 97%，黑色冶金循環用水量達 80%。有些有色冶金企業新技術工藝，使原料利用率從過去的 50% 提高到 95%。封閉循環工業的關鍵是廢物再利用，變廢物為原料，實現再生產，將工藝過程變為「原料—產品—廢料—原料」。其中起關鍵作用的是一些技術的應用，如先進的萃取技術等。利用酶技術發展的生物反應器，可以實現一頭進原料，一頭出產品，整個生產過程既不要高溫、高壓，也不會產生有毒的廢水、廢氣。

　　第二，依靠新技術發展可再生性能源。開發原子能，實現可控熱核聚變，是今後重要的能源方向；但亦不是唯一的途徑，並且同樣有核廢物污染問題。可供人類長久使用的清潔能源是太陽能以及其他可再生能源——風力、水力、生物能源。這些新能源的開發利用都有待於科學技術進一步發展。

　　新技術特別是生物技術的發展，已為新能源的開發利用開闢了途徑。例如，用發酵法生產燃料酒精，可代替汽油；固定化醇連續發酵酒精新工藝，發酵時間四小時，只有原工藝的二分之一。日本則利用基因工程，將黴菌產澱粉基因轉入大腸桿菌，進一步轉入

酵母菌，實現了直接利用澱粉生產乙醇，而且節能60％，世界上每年綠色植物生產的碳水化合物高達兩千億噸，若將其中一小部分轉化為酒精，能源短缺就不再是一個問題了。

第三，依靠新的科學技術處理和消除污染物。運用現代酶工程可以把酶固體化，並把分解各種有害物質的多種酶製成酶布、酶粉、酶片、酶柱等，處理廢水中的有機物、細菌等。如日本已研製成功同時脫酚脫酶柱，中國大陸試製了分解洗衣粉的假單胞桿菌凝膠「污水處理管」等。

透過遺傳工程，還可以創造分解污染物的「超級生物」，從而克服天然微生物分解效率較低的缺陷。如美國科學家還找到可以分解芳烴、多環芳烴、脂肪烴的細菌，並把這些細菌的基因連接起來，轉移到一個菌體中，創造了可同時分解四種石油烴的「超級細菌」，此外，現已創造出能分解劇毒甲基汞的細菌。科學家們正在努力創造能分解塑膠、玻璃、尼龍等物質的「超級生物」，隨著生物技術的不斷發展，污染物的處理與根治的時代也必將到來。

第四，依靠科學管理，嚴格控制對生態環境的占用浪費。例如中國耕地資源十分稀缺，耕地面積只占

世界耕地面積的 10%。但是，由於發展經濟和管理不善，耕地面積連年減少。一九八六至一九九五年，因沙化和開發占用，使耕地面積減少約六百七十萬頃。因此中國大陸將從一九九九年一月一日開始按修訂後的土地管理法嚴格控制（李京文，1999）。

參考書目

1.李京文,《知識經濟:二十一世紀的新經濟形態》,社會科學文獻出版社。

2.李京文,《迎接知識經濟新時代》,上海遠東出版社。

3.李京文、李富春,《知識經濟概論》,社會科學文獻出版社。

4.路甬祥,《創新與未來——面向知識經濟時代的國家創新體系》,科學出版社。

5.孫錢章,《知識經濟概論》,警官教育出版社。

6.劉大椿、劉蔚然,《知識經濟:中國必須回應》,中國經濟出版社。

7.王明友,《知識經濟與技術創新》,經濟管理出版社。

8.李雲才,《創新:知識經濟的靈魂》,湖南人民出版社。

9.李平,《知識經濟與產業變革》,經濟管理出版社。

10.王德華、王國榮,《話說知識經濟》,上海科技教育
出版社。

11.王方華,《知識管理學》,山西經濟出版社。

12.[波]維托德‧瓦斯尼基著,仲繼銀、胡春譯,《知識、
創新和經濟》,江西教育出版社。

13.[美]維娜‧艾莉著,劉民慧等譯,《知識的進化》,
珠海出版社。

14.陳漓高,《新經濟挑戰中國》,天津人民出版社。

15.姚開建、雷達,《新經濟迎接新世紀的挑戰》,中國
經濟出版社。

16.馬豔,《知識經濟中的風險利益》,上海財經大學出
版社。

後　記

　　二〇〇一年初，剛剛完成由我主持的「國家社會
科學基金專案〈知識經濟中的風險利益研究〉」，便接
到了三聯書店出版社汪宇先生的邀請，囑我為非經濟
專業的大學生和研究生寫一部融介紹性與研究性為一
體的關於知識經濟的小書。

　　為了完成這一項任務，我特別邀請了我復旦大學
的同學楊小勇和龔曉駑兩位經濟學博士共同參與其
事，一是為了使這部書更有品質，二是再為同窗之誼
留下一些共同耕耘的痕跡，書稿畢役，寫下這些以為
紀念。

　　本書從某種意義上講是我的「國家社會科學基金
專案〈知識經濟中的風險利益研究〉」的副產品，一些
資料與該書有所重複，在此附帶說明。

　　最後，深謝三聯書店出版社汪宇先生給了我與更
多朋友交流的機會。

馬　豔

二○○一年九月於上海仁和苑寓所

文化手邊冊　61

知識經濟

作　　　者／馬豔、楊小勇、龔曉鶯
出　版　者／揚智文化事業股份有限公司
發　行　人／葉忠賢
總　編　輯／林新倫
登　記　證／局版北市業字第 1117 號
地　　　址／台北市新生南路三段 88 號 5 樓之 6
電　　　話／(02)2366-0309
傳　　　真／(02)2366-0310
網　　　址／http://www.ycrc.com.tw
　E-mail ／book3@ycrc.com.tw
郵撥帳號／19735365　葉忠賢
I S B N ／957-818-477-8
印　　　刷／偉勵彩色印刷股份有限公司
法律顧問／北辰著作權事務所　蕭雄淋律師
初版一刷／2003 年 3 月
定　　　價／新台幣 200 元

國家圖書館出版品預行編目資料

知識經濟 ＝Knowledge economy／馬豔，楊
小勇，龔曉鶯著.--初版.--臺北市：揚智
文化，2003〔民92〕
　　面：　公分.--（文化手邊冊；61）
參考書目：面
ISBN　957-818-477-8（平裝）

　1. 知識經濟

551.49　　　　　　　　　　　91024092